读有所得

学史明理

专辑

中共湖南省委宣传部指导
《读有所得》编辑部编

湖南文艺出版社
HUNAN LITERATURE AND ART PUBLISHING HOUSE

马克思主义是我们立党立国的根本指导思想，是我们党的灵魂和旗帜。中国共产党坚持马克思主义基本原理，坚持实事求是，从中国实际出发，洞察时代大势，把握历史主动，进行艰辛探索，不断推进马克思主义中国化时代化，指导中国人民不断推进伟大社会革命。中国共产党为什么能，中国特色社会主义为什么好，归根到底是因为马克思主义行！

——2021 年 7 月 1 日习近平总书记在庆祝中国共产党成立 100 周年大会上的重要讲话

要在党史学习教育中做到学史明理，明理是增信、崇德、力行的前提。要从党的辉煌成就、艰辛历程、历史经验、优良传统中深刻领悟中国共产党为什么能、马克思主义为什么行、中国特色社会主义为什么好等道理，弄清楚其中的历史逻辑、理论逻辑、实践逻辑。

——2021 年 3 月 22 日至 25 日习近平总书记在福建考察时的重要讲话

前言

百年征程浩荡，百年初心如磐。站在“两个一百年”的历史交汇点上，回望过往的奋斗路，眺望前方的奋进路，党史是教科书，也是营养剂。我们必须把党的历史学习好、总结好，把党的宝贵经验传承好、发扬好，用党的伟大成就激励人，用党的优良传统教育人，用党的成功经验启迪人，用党的历史教训警示人，从党的辉煌历史中认清历史方位，探究历史规律，把握历史大势，激发历史担当，更好地走好新时代的长征路。

为深入贯彻落实党中央和省委关于开展党史学习教育的决策部署要求，扎实开展党史学习教育，引导广大党员干部和群众读经典、学党史，在省委党史学习教育领导小组办公室、省委宣传部的指导下，《读有所得》编辑部推出系列专辑，和读者朋友一起学史明理、学史增信、学史崇德、学史力行，从党的光辉历程中汲取砥砺奋进的精神力量。

目录

读有所得

《共产党人》发刊词

★ 毛泽东

我们现在要建设这样一个党，究竟应该怎样进行呢？解决这个问题，是同我们党的历史，是同我们党的十八年斗争史，不能分离的。

我们党的历史，从一九二一年第一次全国代表大会那个时候起，到现在，已经整整十八年了。十八年中，党经历了许多伟大的斗争。党员、党的干部、党的组织，在这些伟大斗争中，锻炼了自己。他们经历过伟大的革命胜利，也经历过严重的革命失败。同资产阶级建立过民族统一战线，又由于这种统一战线的破裂，同大资产阶级及其同盟者进行过严重的武装斗争。最近三年，则又处于同资产阶级建立民族统一战线的时期中。中国革命和中国共产党的发展道路，是在这样同中国资产阶级的复杂关联中走过的。这是一个历史的特点，殖民地半殖民地革命过程中的特点，而为任何资本主义国家的革命史中所没有的。再则，由于中国是半殖民地半封建的国家，政治、经济、文化各方面发展不平衡的国家，半封建经济占优势而又土地广大的国家，这就不但规定了中国现阶段革命的性质是资产阶级民主革命的性质，革命的主要对象是帝国主义和封建主义，基本的革命的动力是无产阶级、农民阶级和城市小资产阶级，而在一定的时期中，一定的程度上，还有民族资产阶级的参加，并且规定了中国革命斗争的主要形式是武装斗争。我们党的历史，可以说就是武装斗争的历史。斯大林同志说过："在中国，是武装的革命反对武装的反革命。这是中国革命的特点之一，也是中国革命的优点之一。"这是说得非常之对的。这一特点，这一半殖民地的中国的特点，也是各个资本主义国家的共产党领导的革命史中所没有的，或是同那些国家不相同的。这样：（一）无产阶级同资产阶级建立或被迫分裂革命的民族统一战线，（二）主要的革命形式是武装斗争，——就成了中国资产阶级民主革命过程中的两个基本特点。这里，我们没有把党同农民阶级和党同城市小资产阶级的关系作为基本特点，这是因为：第一，这种关系，世界各国的共产党原则上都是一样的；第二，在中国，只要一提到武装斗争，实质上即是农民战争，党同农民战争的密切关系即是党同农民的关系。

由于这两个基本特点，恰是由于这些基本特点，我们党的建设过程，我们党的布尔什维克化的过程，就处在特殊的情况中。党的失败和胜利，党的后退和前进，党的缩小和扩大，党的发展和巩固，都不能不联系于党同资产阶级的关系和党同武装斗争的关系。当我们党的政治路线是正确地处理同资产阶级建立统一战线或被迫着分裂统一战线的问题时，我们党的发展、巩固和布尔什维克化就前进一步；而如果是不正确地处理同资产阶级的关系时，我们党的发展、巩固和布尔什维克化就会要后退一步。同样，当我们党正确地处理革命武装斗争问题时，我们党的发展、巩固和布尔什维克化就前进一步；而如果是不正确地处理这个问题时，那末，我们党的发展、巩固和布尔什维克化也就会要后退一步。十八年来，党的建设过程，党的布尔什维克化的过程，是这样同党的政治路线密切地联系着，是这样同党对于统一战线问题、武装斗争问题之正确处理或不正确处理密切地联系着的。这一论断，很明显地，已经被十八年党的历史所证明了。倒转来说，党更加布尔什维克化，党就能、党也才能更正确地处理党的政治路线，更正确地处理关于统一战线问题和武装斗争问题。这一论断，也是很明显地被十八年来的党的历史所证明了。

所以，统一战线问题，武装斗争问题，党的建设问题，是我们党在中国革命中的三个基本问题。正确地理解了这三个问题及其相互关系，就等于正确地领导了全部中国革命。而在十八年党的历史中，凭借我们丰富的经验，失败和成功、后退和前进、缩小和发展的深刻的和丰富的经验，我们已经能够对这三个问题做出正确的结论来了。就是说，我们已经能够正确地处理统一战线问题，又正确地处理武装斗争问题，又正确地处理党的建设问题。也就是说，十八年的经验，已使我们懂得：统一战线，武装斗争，党的建设，是中国共产党在中国革命中战胜敌人的三个法宝，三个主要的法宝。这是中国共产党的伟大成绩，也是中国革命的伟大成绩。

（文章有删节，选自《毛泽东选集》，人民出版社，1991 年 6 月）

新时代的重要遵循

朱继东

建设一个什么样的党、怎样建设党这个重大问题，从建党之日起，以毛泽东为代表的中国共产党人一直在思考和探索。在《〈共产党人〉发刊词》中毛泽东不仅第一次明确提出了“建设一个全国范围的、广大群众性的、思想上政治上组织上完全巩固的布尔什维克化的中国共产党”这一光荣而伟大的任务，在党的历史上第一次将党的思想建设、政治建设、组织建设紧密结合，而且在文中四次强调并进行了全面、深刻的论述。

毛泽东为什么要在那个时候解答建设一个什么样的党、怎样建设党这个重大问题，不仅是“为了中国革命的胜利，迫切地需要建设这样一个党”，更是因为“建设这样一个党的主观客观条件也已经大体具备，这件伟大的工程也正在进行之中”。经过十八年多的发展，当时的党已经是一个全国性的党、群众性的党了，但当时有大批新党员形成的很多新的党组织并不能真正算是广大群众性的，更没有真正实现思想上、政治上和组织上的巩固，因此，这些党组织并不是真正布尔什维克化的。再加上“对于老党员，也发生了提高水平的问题，对于老组织，也发生了在思想上、政治上、组织上进一步巩固和进一步布尔什维克化的问题”。这就要求全党必须深刻认识到，当时党所处的环境、所担负的任务不仅和从前的国内革命战争时期已经有了很大不同，而且环境也比那个时期复杂了很多，任务更是艰巨了很多。保持这样的高度政治清醒，是解答建设一个什么样的党、怎样建设党这个重大问题的重要前提，也是毛泽东特别强调的。而在党的十八大之前，我们党的建设也遇到了类似问题，并且有的问题甚至更为严重，有的党员干部信仰迷失、理想信念缺失甚至腐化变质等问题严重损害了党的形象，有些地方、部门甚至出现了塌方式腐败等严重政治生态问题。新时代如何回答好建设一个什么样的党、怎样建设党这个重大问题，历史的重任压到了以习近平同志为核心的党中央肩上。

敢于直面问题、坚持认真解决问题，是毛泽东、习近平同志共同的鲜明风格。在《〈共产党人〉发刊词》中，毛泽东就毫不留情地指出：“新党员非常之多，但是没有给予必要的马克思列宁主义的教育。工作经验也不少，但是不能够很好地总结起来。党内混入了大批的投机分子，但是没有清洗出去。”他提醒全党要注意党的建设中存在的一系列问题，并提出了严把新党员入口关、清除不合格党员等问题。由于党的十八大之前在党的建设中积累下来的众多问题，毛泽东当年警示的问题今天依然存在，习近平同志在党的十九大报告中特别强调："全党要清醒认识到，我们党面临的执政环境是复杂的，影响党的先进性、弱化党的纯洁性的因素也是复杂的，党内存在的思想不纯、组织不纯、作风不纯等突出问题尚未得到根本解决。”并明确提出要“坚决防止和反对个人主义、分散主义、自由主义、本位主义、好人主义，坚决防止和反对宗派主义、圈子文化、码头文化，坚决反对搞两面派、做两面人”，“着力解决一些基层党组织弱化、虚化、边缘化问题”，“稳妥有序开展不合格党员组织处置工作”等。党的十八大以来，以习近平同志为核心的党中央敢于直面党内长期积累、多年存在、很难根治的众多突出问题和由此带来的一系列重大隐患、严峻考验、巨大风险。尤其是习近平同志率先垂范，以巨大的政治勇气、高度的政治清醒、顽强的意志品质坚决正风肃纪、反腐惩恶，坚持并真正做到反腐败无禁区、全覆盖、零容忍，以踏石留印、抓铁有痕的劲头进行“打虎”“拍蝇”“猎狐”，使得反腐败斗争的压倒性态势终于形成并进一步巩固发展，为确保党和国家事业始终沿着正确方向胜利前进提供了坚强政治保证。今天，无论是重温毛泽东的教导，还是牢记习近平同志的嘱托，就是警醒全党在任何时候都要直面问题，在新时代进一步加强党的纯洁性、先进性建设，进一步回答好在新时代建设一个什么样的党、怎样建设党这个重大问题，这是中国共产党人一直努力也必须努力回答好的重大问题，也是全世界共产党人、马克思主义者对新时代中国共产党人的期待。

（标题为编者所拟，原题《新时代推进党的建设新的伟大工程的重要遵循》，文章有删节，选自《毛泽东思想研究》2018 年第 3 期）

毛泽东谈大党形象

1939年10月，毛泽东在《〈共产党人〉发刊词》中提出，“统一战线、武装斗争、党的建设”是党在中国革命中战胜敌人的三个法宝，并着重阐述了党的建设问题。他要求全党同志充分认识党已经“成为全国性的大党”、已经“不是从前的样子”，深刻理解党的建设是一项“伟大的工程”、一个“光荣而又严重的任务”，明确提出“建设一个全国范围的、广大群众性的、思想上政治上组织上完全巩固的布尔什维克化的中国共产党”的目标。这些重要论述，至今仍有重要借鉴意义。

“中国共产党是世界上最大的政党”，“大就要有大的样子”。习近平总书记2017年10月25日同中外记者见面时说起、12月1日在中国共产党与世界政党高层对话会上再次强调的这句话，言简意赅，语重心长，宣示了“永远做人民公仆、时代先锋、民族脊梁”“为中国人民谋幸福、为中华民族谋复兴、为人类谋和平与发展”的担当和决心。学习这个重要论断时，再重读近 80 年前毛泽东所写的《〈共产党人〉发刊词》，深有感触，体会良多。从一定意义上说，党的建设目标就是要把党建设成什么样子。这个目标的具体要求，就是党的具体样子，也就是毛泽东眼中的大党形象。

大党要有大担当

中国共产党自成立之日起，就满怀信心地以改造中国为己任，义无反顾地肩负起为人民谋幸福、为民族谋复兴的历史使命。经过 18 年艰苦卓绝的斗争，在毛泽东同志撰写这篇《〈共产党人〉发刊词》之际，党已经在大革命、土地革命战争和抗日战争的锻炼中，成长为团结全国人民进行革命的中流砥柱。毛泽东强调“全国范围的”样子，就是要求全党同志认识到“党所处的环境，党所负的任务”发生的变化，特别是认识到“党的组织已经从狭小的圈子中走了出来，变成了全国性的大党”，“党的武装力量，也在同日寇的斗争中重新壮大起来和进一步坚强起来了”，“党在全国人民中的影响，更加扩大了”，从而以更加自觉的精神状态进行伟大斗争。1954 年 9 月，毛泽东在全国人大一届一次会议开幕词中指出，要把我国建设成为一个伟大的社会主义国家，“领导我们事业的核心力量是中国共产党”。1956 年 9 月，他在中共八大开幕词中再次指出：“我们的党现在比过去任何时期都更加团结，更加巩固了。我们的党已经成了团结全国人民进行社会主义建设的核心力量。”实践充分证明，致力于民族复兴的大担当，是党成为坚强领导核心的关键因素，也是党团结带领全国人民夺取革命和建设胜利的重要原因。

大党要有大情怀

中国共产党以全心全意为人民服务为根本宗旨，坚持一切为了群众，一切依靠群众，从群众中来，到群众中去。毛泽东强调“广大群众性的”样子，就是要求全党同志深刻认识“党开辟了人民政权的道路”，“在全国人民中间的很高的政治信仰”，从而牢记党的根本宗旨，践行党的群众路线，把党的正确主张变为群众的自觉行动。具体到当时的情况，最重要的是贯彻全面抗战路线，“动员全国人民，进行反投降、反分裂、反倒退的坚决的斗争”。毛泽东在《〈共产党人〉发刊词》中还提出，18年来党逐步学会并坚持了武装斗争，“中国共产党的武装斗争，就是在无产阶级领导之下的农民战争”，而且党已经能够把武装斗争这个主要斗争形式“同工人的斗争，同农民的斗争（这是主要的），同青年的、妇女的、一切人民的斗争”等形式在全国范围内配合起来。1954 年 10 月，毛泽东在国防委员会第一次会议上进一步强调：“我们的方向就是人民的方向，这是载于宪法的。”也正因为如此，毛泽东一贯强调反对官僚主义，因为它“在人民面前把共产党表现得不像样子，大大损害了共产党的威信”。实践充分证明，把人民放在心中最高位置的大情怀，是党得到人民群众拥护、立于不败之地的根本保障。

大党要有大要求

打铁必须自身硬。中国共产党能够战胜一个个强大敌人，一个重要因素就是以铁的纪律团结力量、统一思想、凝聚人心，并驰而不息，久久为功，不断强化。1937 年 8 月，毛泽东在《矛盾论》中鲜明地指出：“一个政党要引导革命到胜利，必须依靠自己政治路线的正确和组织上的巩固。”毛泽东在《〈共产党人〉发刊词》中提出“使党铁一样地巩固起来”的大要求，是因为当时“有大批的新党员所形成的很多的新组织”需要巩固，老组织“也发生了在思想上、政治上、组织上进一步巩固”的问题。在他看来，思想上巩固的样子，就是了解“中国的历史状况和社会状况、中国革命的特点、中国革命的规律”，“善于将马克思列宁主义的理论和中国革命的实践相结合”；政治上巩固的样子，就是在统一战线、武装斗争和党的建设三个基本问题上具有经验，“政治上坚定起来”，能够“正确地处理党的政治路线”；组织上巩固的样子，就是能够掌握住正确的组织路线，不断发展党员干部队伍，壮大组织的力量，清理“投机分子和敌人的暗害分子”，并在统一战线中坚持“组织上的独立性”。为了使党更加巩固起来，毛泽东在不同场合反复强调要不懈努力。1943 年 8 月 8 日，他在中央党校第二部开学典礼上语重心长地说，我们的任务很艰巨，要进行新民主主义革命和社会主义革命。“我们要把政治水平和理论水平提高，使我们党更统一，不结班子，结成一个大党。每一个人都能够不怕牺牲，能够无限忠心，能够联系群众，能够独立工作，能够遵守纪律，团结一致地坚决地向敌人斗争。”实践充分证明，从各个方面加强党的建设的大要求，是不断增强党的凝聚力、战斗力和领导力、号召力的重要保证。

（作者毛胜，文章有删节，选自《学习时报》2018 年 1 月 1 日）

一个共产党员的由来

★ [美] 埃德加·斯诺

董乐山 译

"我回到长沙以后，就更加直接地投身到政治中去。在五四运动以后，我把大部分时间用在学生的政治活动上。我是《湘江评论》的主笔，这是湖南学生的报纸，对于华南学生运动有很大的影响。我在长沙帮助创办了文化书社，这是一个研究现代文化和政治趋势的团体。这个书社，特别是新民学会，都激烈地反对当时的湖南督军张敬尧，这家伙很坏。我们领导了一次学生总罢课反对张敬尧，要求撤换他，并且派遣代表团分赴北京和西南进行反张的宣传，因为那时孙中山正在西南进行活动。张敬尧查禁了《湘江评论》来报复学生的反对。

"于是我前往北京，代表新民学会，在那里组织反军阀运动。新民学会把反对张敬尧的斗争扩大成为普遍的反军阀的宣传，为了促进这个工作我担任了一个通讯社社长的职务。这个运动在湖南取得了一些成功。张敬尧被谭延闿推翻了，长沙建立了新政权。大致就在这个时候，新民学会开始分成两派——右派和左派，左派坚持进行深刻的社会、经济、政治改革的纲领。

“一九一九年我第二次前往上海。在那里我再次看见了陈独秀。我第一次同他见面是在北京，那时我在国立北京大学。他对我的影响也许超过其他任何人。那时候我也遇见了胡适，我去拜访他，想争取他支持湖南学生的斗争。在上海，我和陈独秀讨论了我们组织‘改造湖南联盟’的计划。接着我回到长沙着手组织联盟。我在长沙一边当教员，一边继续我在新民学会的活动。那时新民学会的纲领要争取湖南‘独立’，所谓独立，实际上是指自治。我们的团体对于北洋政府感到厌恶。认为湖南如果和北京脱离关系，可以更加迅速地现代化，所以主张同北京分离。那时候，我是美国门罗主义和门户开放的坚决拥护者。

“谭延闿被一个叫做赵恒惕的军阀赶出湖南，赵利用‘湖南独立’运动来达到他自己的目的。他假装拥护这个运动，主张中国联省自治。可是他一旦当权，就大力镇压民主运动了。我们的团体曾经要求实行男女平权和代议制政府，一般地赞成资产阶级民主纲领。我们在自己办的报纸《新湖南》上公开鼓吹进行这些改革。我们领导了一次对省议会的冲击，因为大多数议员都是军阀指派的地主豪绅。这次斗争的结果，我们把省议会里张挂的胡说八道和歌功颂德的对联匾额都扯了下来。

“冲击省议会这件事被看成湖南的一件大事，吓慌了统治者。但是，赵恒惕篡夺控制权以后，背叛了他支持过的一切主张，特别是他凶暴地压制一切民主要求。因此，我们的学会就把斗争矛头转向他。我记得一九二〇年的一个插曲，那年新民学会组织了一个示威游行，庆祝俄国十月革命三周年。这次示威游行遭到警察镇压。有些示威者要想在会场上升起红旗，警察禁止这样做。示威者指出，依照宪法第十二条，人民有集会、结社和言论自由的权利，但是警察听不进去。他们回答说，他们不是来上宪法课，而是来执行省长赵恒惕的命令的。从此以后，我越来越相信，只有经过群众行动取得群众政治权力，才能保证有力的改革的实现。

“一九二〇年冬天，我第一次在政治上把工人们组织起来了，在这项工作中我开始受到马克思主义理论和俄国革命历史的影响的指引。我第二次到北京期间，读了许多关于俄国情况的书。我热心地搜寻那时候能找到的为数不多的用中文写的共产主义书籍。有三本书特别深地铭刻在我的心中，建立起我对马克思主义的信仰。我一旦接受了马克思主义对历史的正确解释以后，我对马克思主义的信仰就没有动摇过。这三本书是：《共产党宣言》，陈望道译，这是用中文出版的第一本马克思主义的书；《阶级斗争》，考茨基著；《社会主义史》，柯卡普著。到了一九二〇年夏天，在理论上，而且在某种程度的行动上，我已成为一个马克思主义者了，而且从此我也认为自己是一个马克思主义者了。同年，我和杨开慧结了婚。”

（标题为编者所拟，文章有删节，选自《红星照耀中国》，人民文学出版社，2016 年 5 月）

红星缘何照耀中国

林义成

1935 年 10 月，中央红军经过两万五千里长征到达陕北，但仍面临国民党军队的“围剿”和封锁。外界对中国共产党知之甚少，许多人只是道听途说，甚至听信那些妖魔化宣传。这时，美国记者埃德加·斯诺敏锐地意识到：红区是中国唯一值得采访的地方！他在宋庆龄帮助下，冒险前往陕甘宁边区。起初，他只计划在苏区待几周，没想到一待就是四个多月。1936 年 11 月 14 日，美国《密勒氏评论报》首先发表了毛泽东与斯诺的长篇谈话，并刊登毛泽东头戴八角帽的照片。由此，世界进一步了解了红星照耀下的中国。

斯诺此行写出的《红星照耀中国》，1937 年 10 月在英国出版，引起轰动并重印发行多次；翌年 2 月，由胡愈之策划翻译在上海出版，考虑到在敌占区，书名改为《西行漫记》。该书真实记录了陕北苏区采访的见闻，向外界报道了中国共产党和红军及其领袖、将领的情况。

采访中，斯诺看到红军官兵平等、党的领导人以身作则，深为感动，称这种精神力量是“东方魔力”“兴国之光”。他写道：“毛泽东的生活和红军一般战士没有什么两样。做了十年红军领袖，他所有的财物却依然是一卷铺盖，几件随身衣物。”而周恩来身上，有“无可比拟的吃苦耐劳的能力，无私地忠于一种思想和从不承认失败的不屈不挠精神”。斯诺还提到，彭德怀在一次看演出中途，脱下棉衣，披在坐在他身旁的一个小号手身上。书中还写道：“单单是一件事情就可以说明红军同拥有极大优势的敌人作战的能力了。这就是红军军官习惯说的：‘弟兄们，跟我来！’而不是说：‘弟兄们，向前冲！’”前两次反“围剿”时，红军军官的伤亡率往往高达50%。这让斯诺为共产党人的崇高理想所折服，他认为共产党人随时准备为他们的理想而献身，因此“当红星在西北出现时，难怪有千千万万的人起来欢迎它，把它当作希望和自由的象征”。

《西行漫记》教育了千百万读者，特别是青年人，成为享有盛誉的红色经典。与其相关，裘克安编集的《斯诺在中国》一书，汇集了斯诺有关中国的著作选译和宋庆龄等人的回忆文章。其中，赵荣声的《步着斯诺的后尘到延安去》，见证了斯诺及其著述对青年的启迪和激励。

赵荣声在燕大读书时，适逢斯诺从陕北返回北平，便与一些同学到斯诺家中，听他讲陕北苏区情况，看他拍摄的小电影和带回的照片，“第一次在这里看到中国光明新社会的真实景象，禁不住热烈鼓掌，有的流着热情的眼泪”。在斯诺感召下，赵荣声与九名同学以旅行为名，按照斯诺画的路线图，踏上这一片光明的土地，在延安受到了毛主席的接见，由黄昏谈到夜晚。最后，他们除留一人在延安学习，其余九人仍回北平搞学生运动。后来，听了他们的见闻介绍，又有学生延安访问团组织起来。卢沟桥事变后，赵荣声作为流亡学生，曾在汉口一家旅社与音乐家冼星海同住，他忍不住向冼星海介绍了延安和斯诺的情况。冼星海对此大感兴趣，最后劝赵荣声也动笔写一本书，把这些情况告诉大后方一直被关在铁桶里的青年。赵荣声便写了去延安经过的小册子《活跃的肤施》（延安又叫肤施县）。到国民党新闻官到书店查询时，该书已经出了两版。

“一点燃星火，可燎整片原。”《西行漫记》如熠熠星光，划破黑暗的长夜，打破了国民党的封锁，将中国共产党的形象展示给了世界。延安制定的方针路线，让全国人民看到了光明和希望。这在和平解决“西安事变”、国共合作共同抗日和伟大的解放战争中，得到了充分展现。无疑，红星能够照耀中国，根本在于人心是最大的政治。斯诺在书中写道，共产党人在西北特别受人民欢迎，他们对农民最有重要意义的显然有这四项：重新分配土地，取消高利贷，取消苛捐杂税，消灭特权阶级。人民称颂红军和苏维埃是中国人摆脱一切弊害祸患的唯一救星。正是共产党人和红军在极端险恶的条件下，以坚定的信仰和愈挫愈勇的大无畏气概，燃烧自己，照亮大众，唤醒工农千百万，拯救民族于危亡。

在延安，以毛泽东同志为核心的党的第一代中央领导集体，培育形成了以实事求是、为人民服务、艰苦奋斗为主要内涵的延安精神。去年，习近平总书记在陕西考察时指出："延安精神培育了一代代中国共产党人，是我们党的宝贵精神财富。要坚持不懈用延安精神教育广大党员、干部，用以滋养初心、淬炼灵魂，从中汲取信仰的力量、查找党性的差距、校准前进的方向。"

时值中国共产党百年华诞，阅读有关斯诺的这两本书，感受陕北苏区岁月，重温延安精神，愈加感到中国革命胜利是历史的必然，愈加感到中国共产党的光荣和伟大。

（选自《中国纪检监察报》2021年5月5日）

开启西方了解中国的新纪元

20世纪30年代,《红星照耀中国》不同中文译本出版后,吸引了成千上万的热血青年,从四面八方千里迢迢奔赴心中的革命圣地——延安。1941年,斯诺在《为亚洲而战》中讲述了这样的故事:“战争开始以后,我每走到一处地方,哪怕是最料不到的地方,总有那肋下夹着一本《西行漫记》的青年,问我怎样去进延安的学校。”1944年,他在《红星照耀中国》再版序言中自豪地说:“就我所知,写有关中国情况的外文书而对当前中国年轻一代的政治思想有相当大的影响的,这部书可以说是唯一的一部。”

红星照耀了中国,也照耀了世界。斯诺通过《红星照耀中国》向全世界展现了中国共产党领导的抗日革命根据地的真实情况，展示了中国的光明和希望，给全世界人民带来反法西斯斗争的信心和力量。他对“中国共产主义运动的发现和描述，与哥伦布对美洲的发现一样，是震惊世界的成就”，“标志着西方了解中国的新纪元”。

随着这本书在西方的畅销，世界上掀起了一股声援中国抗日、与中国共产党人接触的新浪潮，众多仁人志士和国际主义者，在它的召唤下纷纷效仿斯诺来到中国，他们当中既有献身中国革命的加拿大医生白求恩、印度医生柯棣华，还有记者、编辑、作家、教授和外交官，如海伦·斯诺、史沫特莱、爱泼斯坦和索尔兹伯里，等等，他们当中有许多人一辈子留在了中国。

斯诺坚持真理，以坦率的国际主义精神和坚持说真话的品格，使他的作品如同火种，给人以温暖以光明，照亮了世界，经受了时间和历史的检验。美国作家索尔兹伯里说，《红星照耀中国》改变了美国乃至世界报告文学的写作标准，树立了非虚构写作的光辉典范。80 多年来，《红星照耀中国》被译成中、法、德、俄、西、意、葡、日、蒙、荷、瑞典等数十种语言出版，成为政治学家、历史学家、作家和广大读者爱不释手的经典读物。

《红星照耀中国》也改变了斯诺的人生。一个本想在中国只待 6 个星期的美国青年，后来成为在中国生活了 13 年的优秀记者。斯诺深深爱上了中国，与毛泽东、周恩来、宋庆龄、鲁迅等建立了深厚的友谊。1972 年 2 月 15 日，就在尼克松开启访问中国“破冰之旅”前夕，斯诺在瑞士日内瓦郊区埃辛斯村逝世。尼克松曾向病中的斯诺致意，对斯诺“长期杰出的生涯”表示敬佩。临终前，斯诺留下遗言：“我热爱中国。”遵照斯诺的遗愿，他的一部分骨灰安葬在他曾经执教的燕京大学校园内（今北京大学未名湖畔）。毛泽东主席发去唁电：“斯诺先生是中国人民的朋友。他一生为增进中美两国人民之间的相互了解和友谊进行了不懈的努力，作出了重要的贡献。他将永远活在中国人民心中。”

（标题为编者所拟，原题《〈红星照耀中国〉的永恒魅力》，作者丁晓平，文章有删节，选自《人民日报》2021 年 4 月 16 日）

周恩来、邓颖超的两封家书

★ 周恩来　邓颖超

一心一意地在欢迎你回来

来：

正以你为念，接到泰隆信，知你昨夜睡眠好，不曾受日间多人谈话的影响，悬念着的心，如一释重负，而感到恬适轻松！

真的，自从你入院，我的心身与精神，时时是在不安悬念如重石在压一样。特别是在前一周，焦虑更冲击着我心，所以，我就不自禁地热情地去看你，愿我能及时地关切着你的病状而能助你啊！

现在，你一天比一天好起来，而且快出院了，我真快活！过去虽不应夸大说度日如年，但确觉得一日之冗长沉重——假若我未曾去看你的话。我希望这几天更快地度过去，企望你，欢迎你如期出院。我想你一回来，我的心身内外负荷着的一块重石可以放下，得到解放一番，我将是怎样的快乐呢！

明天不来看你，也不打算再来，一心一意地在欢迎你回来，我已在开始整洁我们的房子迎接你了。现仅提你注意，出院前定要详细问下王大夫，以后疗养应注意的各种事项，勿疏忽为盼！

白药已搽了么？是否还分一点留用？我拟明晚去看乃如兄并送药给他。情长纸短，还吻你万千！

颖妹　手草

七·七前夕

最好在出院前一二日试下地走动走动为宜，不知你以为如何？望问王大夫！

在为人民服务上得到了更真切的安慰

超：

今天是八月中秋，日近黄昏，月已东升，坐在一排石窑洞中的我，正好修写家书寄远人。今年此地年成不好，夏旱秋涝，直至前天还是阴雨连绵，昨天突然放晴，今天有了好月亮看，但是人民苦了，只能望收到二成左右。河东来电，亦说是淫雨不止，不知你们那里的情形怎样？

山居过节，居然也吃到两块月饼，几串葡萄。对月怀人，不知滹沱河畔有无月色可览，有无人在感想？假使你正在作农村访问，那你一定是忙着和农家姑嫂姊妹谈心拉话；假使你正在准备下乡的材料，那你或有可能与中工委一起过一个农村秋节。不管怎样，一切话题总离不开土地改革和前线胜利。九个年头了，似乎我们都是在一起过中秋的，这次分开，反显得比抗战头两年的分开大有不同。不仅因为我们都大了十岁，主要是因为我们在为人民服务上得到了更真切的安慰。你来电提议在东边多留半年，我是衷心赞成。再多在农民中锻炼半年，我想，不仅你的思想、感情、生活会起更大的变化，就连你的身体想也会更结实而年轻。农民的健美，不仅是外形，而且还有那纯朴的内心，这是一面。另一面，便是坚强，坚定的意志，勇敢的行为，这在被压迫的群众中，更是数见不鲜。你从他们中间自会学习很多，只要不太劳累。我想半年的熏陶，当准备刮目相看。

夜深月明，就此打住，留着余兴送我入梦。愿你安好。

鸾

九月二十九夜

（标题为编者所拟，文章有删节，选自《周恩来邓颖超通信选集》，中央文献出版社，2014 年 4 月）

带着知识回国

——给女儿的信

★ 任弼时

亲爱的卡秋莎：

卡秋莎！你在最后一封信里提出了回国的问题。我不懂你为什么产生了这种愿望，我记得，你刚来我这里时曾说过，你不想回国，也根本不想念爸爸和妈妈，可你为什么在我这里暂住一段时间之后就改变了主意呢？

关于回国还是留在苏联这个问题，我还想和你商量一下，然后我们再作决定。

一、回国当然有有利的一面。第一，你作为中国姑娘可以尽快学会中国话，这对你今后来说是非常必要的；第二，你将更多地了解中国人民的生活和斗争，这对你也非常重要；第三，你将和父母以及兄弟姐妹们生活在一起，这对你看来也是需要的。但也有不利的一面，那就是因为你不会讲中国话，你回国后第一年只能学中文，然后才能上学（当然也可以在学校里学中文），你将耽误一年的学习。

二、你如留在苏联学习，这也有好的一面：第一，你不会耽误一年的学习；第二，你大学毕业之后，你不仅完成了高等教育，而且将精通俄语。当然也有不好的一面，就是你无法学会中文，这对你今后来讲是莫大的困难，此外你完全脱离国内的生活。

这就是供你选择的具体情况。我想你最好留在苏联继续学习，完成大学教育，然后带着专业知识回国，这就是你在这里的时候我向你说的。

但这一意见绝不是最后决定，你完全可以自己考虑对你怎样更合适。如果你坚决要回国，并像你在最后一封信中所说的，如果我不带你回国，你将永远哭泣、思念，而且还会影响学习，那我将在莫斯科治疗后带你一起回国。

你接到这封信后，再想一下，然后告诉我你对这一问题的最后决定。

如果最后决定你回国（就是我同意你回中国），那我将在起程前三天到五天叫你从伊凡诺沃来莫斯科。希望你暂时像平常一样安心好好学习，不要过多地想我，更用不着哭鼻子。

我刚收到你妈妈、姐姐和弟弟的来信。你妈妈讯问你来过我这儿吗？身体怎样？我已给她去了电报，告诉她你在我这儿呆了八天，已经回伊凡诺沃去了。大姐请我代她吻你，二姐给你寄来一张贺年片，弟弟问你身体和学习可好。

热烈地吻你！

等你的回信！

给你寄上四张照片。

你的爸爸　布林斯基

一月二十日写

（标题为编者所拟，原题《致任远芳》，文章有删节，选自《任弼时书信选集》，中央文献出版社，2014 年 4 月）

一个大党和一只小船

★ 梁衡

中国共产党现在是一个拥有六千四百五十万党员的大党，是一个掌管着九百六十万平方公里国土、十二亿多人口国度的执政党。可是谁能想到，当初她却是诞生在一只小船上。

因为她是党史的起点，这条船现在被称为红船。1921年7月23日，中国共产党第一次代表大会在上海法租界的一栋房子里召开，但很快就被巡捕监视上了。不得已，立即休会转移。代表之一的李达，他的夫人王会悟是嘉兴人，是她提议到这里来开会。8月1日，王会悟、李达、毛泽东先从上海来到嘉兴，租好了旅馆，就出来选“会场”。他们登上南湖湖心岛上的烟雨楼，见四周烟雨茫茫，水面上冷冷清清地漂着几只游船，不觉灵机一动，就租它一只船来当“会场”。当时还计划好游船停泊的位置，在楼的东北方向，既不靠岸，也不傍岛，就在水中来回漂荡。第二天，其余代表分散行动，从上海来到南湖，来到这只小船上。下午，通过了最后两个文件，中国共产党就这样诞生了。

今天，我重登烟雨楼，天明水静，杨柳依依。这烟雨楼最早建于五代，原址是在湖岸上。明嘉靖年间当地知府赵瀛疏浚南湖，用挖起的土在湖心垒岛，第二年又在岛上起楼。有湖有岛有楼，再加上此地气候常细雨蒙蒙，南湖烟雨便成了一处绝景。清乾隆皇帝曾六下江南，八到烟雨楼，至今岛上还有御碑两通。现在楼头大匾上“烟雨楼”三个大字是当年的一大代表董必武亲笔所书。历史沧桑烟雨茫茫，我今抚栏回望，真不敢想象我们这样一个大党，当初是那样的艰难。那时百姓穷无立锥之地，要想建一个代表百姓利益的党，当然也就没有可落脚之处。列宁说：群众分为阶级，阶级有党，党有领袖。当时这十二个领袖是何等的窘迫，举目神州，无我寸土。我眼看手摸着这只小船，这些小桌小凳，这竹棚木舷。我算了一下，就是把舱里全摆满，顶多只能挤下十四个小凳，这就是现在有六千四百五十万党员的中共一大会场吗？但这个会场仍不安全，王会悟同志是专管在船头放哨的。下午，忽有一汽艇从湖面驶过，她疑有警情，忙发暗号，船内就立即响起一片麻将声。他们是一伙租了游船来玩的青年文人啊！汽艇一过，麻将撤去，再低声讨论文件，同时也没有忘记放开留声机作掩护。但不管怎样，中国共产党在这条小船的襁褓里诞生了。

距南湖不远是以大潮闻名的钱塘江，当年孙中山过此，观潮而叹曰："世界潮流浩浩荡荡，顺之则昌，逆之则亡。"共产党在此顺潮流而生，合是天意。

西方人信上帝，我们信马克思主义。也许是马克思在冥冥中的安排，专门让我们这个大党诞生在一只小船上。于是党的肌体里就有了船的基因，党的活动就再也离不开船。

宋人潘阆有一首写大潮中行船的名词："来疑沧海尽成空。万面鼓声中。弄涛儿向涛头立。手把红旗旗不湿。"共产党就是敢立于涛头的弄涛人。一大之后，毛泽东一出南湖便买船南下到湖南组织农民运动。大革命失败，他振臂一呼，发动秋收起义，上了井冈山。这时全国正处在白色恐怖之中，许多人不知革命希望在何方。他挺立井冈之巅大声说道："革命高潮是站在海岸遥望海中已经看得见桅杆尖头了的一只航船。"这之前，周恩来也领导了南昌起义，兵败后南下广州，只靠一只小木船，深夜里偷渡香港，又转道上海，再埋火种。谁曾想到，惊涛骇浪中，这只小木船上坐着的就是未来共和国的总理。蒋介石曾希望借中国大地上的江河之阻剿灭革命，但革命队伍却一次次地利用木船突围决胜。天险大渡河曾毁灭了石达开的十万大军，但是当蒋介石围追红军到这里时，只见到远去的船影和留在岸上的几只草鞋。抗战十四年，共产党在陕北聚积了力量，然后东渡黄河，问鼎北平。而东渡黄河靠的还是老艄公摇的一条木船，船仍然不大，以至于连毛泽东心爱的白马也没能装上。中国革命的整个司令部就这样在一条木船上实现了战略大转移。不久就有百万雄师乘着帆船过大江，解放全中国。中国历史上的秦皇汉武们喜欢说他们是马上得天下。中国共产党真正是船上得天下。是船上生，浪里走而夺得天下的啊。

英雄造时势，时势造英雄。历史长河的巨浪也颠簸着最早上船的十二名领袖。第一个为革命牺牲的是何叔衡，红军长征后，他在一次突围中，为不连累同志跳崖而死。毛泽东则成了党最长期的领袖。十二个人中只有董必武再回过故地。毛泽东1958年到杭州时，专列经过南湖，他急令停车，在路边凝望南湖足有四十分钟，想伟人当时胸中涛翻云涌，其思何如。

南湖边上现在还停着这只小小的木船，烟消雨歇，山明水静。游人走过，悄悄地向她行着注目礼。这已经是一种政治的象征和哲学意义的昭示。六千四百五十万党员的大党就是从这里上岸的啊。从贫无寸土，漂泊水上，到神州万里，万里江山。党在船上，船行水上，不惧风浪，不忘忧患，顺乎潮流，再登彼岸。

（文章有删节，选自《人民日报好新闻集锦：2001、2002年》，人民日报出版社，2003年6月）

在马克思墓前的讲话

★ [德] 恩格斯

3 月 14 日下午两点三刻，当代最伟大的思想家停止思想了。让他一个人留在房里还不到两分钟，当我们进去的时候，便发现他在安乐椅上安静地睡着了——但已经永远地睡着了。

这个人的逝世，对于欧美战斗的无产阶级，对于历史科学，都是不可估量的损失。这位巨人逝世以后所形成的空白，不久就会使人感觉到。

正像达尔文发现有机界的发展规律一样，马克思发现了人类历史的发展规律，即历来为繁芜丛杂的意识形态所掩盖着的一个简单事实：人们首先必须吃、喝、住、穿，然后才能从事政治、科学、艺术、宗教等等；所以，直接的物质的生活资料的生产，从而一个民族或一个时代的一定的经济发展阶段，便构成基础，人们的国家设施、法的观点、艺术以至宗教观念，就是从这个基础上发展起来的，因而，也必须由这个基础来解释，而不是像过去那样做得相反。

不仅如此。马克思还发现了现代资本主义生产方式和它所产生的资产阶级社会的特殊的运动规律。由于剩余价值的发现，这里就豁然开朗了，而先前无论资产阶级经济学家或者社会主义批评家所做的一切研究都只是在黑暗中摸索。

一生中能有这样两个发现，该是很够了。即使只能作出一个这样的发现，也已经是幸福的了。但是马克思在他所研究的每一个领域，甚至在数学领域，都有独到的发现，这样的领域是很多的，而且其中任何一个领域他都不是浅尝辄止。

他作为科学家就是这样。但是这在他身上远不是主要的。在马克思看来，科学是一种在历史上起推动作用的、革命的力量。任何一门理论科学中的每一个新发现——它的实际应用也许还根本无法预见——都使马克思感到衷心喜悦，而当他看到那种对工业、对一般历史发展立即产生革命性影响的发现的时候，他的喜悦就非同寻常了。例如，他曾经密切注视电学方面各种发现的进展情况，不久以前，他还密切注视马赛尔·德普勒的发现。

因为马克思首先是一个革命家。他毕生的真正使命，就是以这种或那种方式参加推翻资本主义社会及其所建立的国家设施的事业，参加现代无产阶级的解放事业，正是他第一次使现代无产阶级意识到自身的地位和需要，意识到自身解放的条件。斗争是他的生命要素。很少有人像他那样满腔热情、坚韧不拔和卓有成效地进行斗争。最早的《莱茵报》(1842 年)，巴黎的《前进报》(1844 年)，《德意志—布鲁塞尔报》(1847 年)，《新莱茵报》(1848—1849 年)，《纽约每日论坛报》(1852—1861 年)，以及许多富有战斗性的小册子，在巴黎、布鲁塞尔和伦敦各组织中的工作，最后，作为全部活动的顶峰，创立伟大的国际工人协会，——老实说，协会的这位创始人即使没有别的什么建树，单凭这一成果也可以自豪。

正因为这样，所以马克思是当代最遭忌恨和最受诬蔑的人。各国政府——无论专制政府或共和政府，都驱逐他；资产者——无论保守派或极端民主派，都竞相诽谤他，诅咒他。他对这一切毫不在意，把它们当作蛛丝一样轻轻拂去，只是在万不得已时才给以回敬。现在他逝世了，在整个欧洲和美洲，从西伯利亚矿井到加利福尼亚，千百万革命战友无不对他表示尊敬、爱戴和悼念，而我敢大胆地说：他可能有过许多敌人，但未必有一个私敌。

他的英名和事业将永垂不朽！

（译者不详，选自《马克思恩格斯选集》，人民出版社，1995年6月）

洞察人类历史发展规律的教材

李慎明

在经济全球化和社会主义市场经济深入发展的今天，重温恩格斯《在马克思墓前的讲话》这篇仅有1251个字的短文，对于党的各级领导干部洞察人类历史发展规律，坚定正确的理想信念，及时抓住良好机遇，主动应对严峻挑战，不无裨益。

在讲话中，恩格斯重点阐述了马克思两个具有划时代意义的伟大发现——唯物史观和剩余价值理论。

1845年秋至1846年5月，马克思和恩格斯在《德意志意识形态》中首次阐明了社会存在决定社会意识这一唯物史观的出发点。马、恩论证了物质生产在人类历史发展中的决定作用，从生产力和交往形式的矛盾运动中揭示人类社会形态从低级到高级发展的一般规律，进而阐述了共产主义取代资本主义的历史必然性。

1849 年，马克思在《雇佣劳动与资本》中论述了以剥削雇佣工人劳动为基础的资本主义生产关系的实质，以后又在《资本论》中全面、科学地论证了剩余价值理论，从而创立了剩余价值学说。恩格斯在讲话中高度评价了这一学说的创立：马克思“发现了现代资本主义生产方式和它所产生的资产阶级社会的特殊的运动规律。由于剩余价值的发现，这里就豁然开朗了，而先前无论资产阶级经济学家或者社会主义批评家所做的一切研究都只是在黑暗中摸索”。

正是上述两大发现使马克思主义创始人完成了对社会主义的“理论论证”，把社会主义奠定在科学的基础之上；两大发现同时也是科学社会主义由理论转变为实践的重要理论基础。资产阶级的灭亡和无产阶级的胜利是同样不可避免的，并不是任何人头脑臆想的产物，而是资本主义社会内部矛盾运动的合乎规律的必然结果。

20 年前，由于苏共亡党、苏联解体，世界社会主义陷入空前的低潮，不少人对马克思主义和社会主义的必然胜利丧失了信心。恩格斯在《在马克思墓前的讲话》中所说的马克思的两大发现还灵不灵?

其实，在当今世界，唯物史观和剩余价值学说没有过时。过去的资本，主要是一国资本，是产品垄断；后来发展到多国资本，产业垄断；现在主要表现为国际资本，金融垄断。苏联解体后，以美国为首的西方强国利用各种强权特别是金融霸权，放手、放肆地掠夺他国，张着大嘴“巧吃”“白吃”世界。从一定意义上说，目前这场正在深化的国际金融危机，不仅是对美国这种强权政治和霸权主义特别是其中金融霸权肆意泛滥的绝地报复，更是对美国所谓“民主制度”的根本挑战。正如马克思在《资本论》中说：“一切真正的危机的最根本的原因，总不外乎群众的贫困和他们的有限的消费，资本主义生产却不顾这种情况而力图发展生产力，好像只有社会的绝对的消费能力才是生产力发展的界限。”这场国际金融危机的根本原因是生产社会化甚至生产全球化与生产资料私人占有之间的矛盾、生产无限扩张与社会有限需求之间的矛盾在经济全球化条件下深入发展的必然结果。这场灾难还没有完，还在演进中，所以，现在在全球范围内，出现重新呼唤马克思主义的声音，世界左翼和社会主义思潮出现复苏的迹象。我们中国共产党人也面临着进一步说明科学社会主义其中包括中国特色社会主义有着无比光辉灿烂的希望和前景的大好机遇。

当然，在学习马克思的两个理论基石时，也必须结合学习马克思主义的其他原理，而不能陷入片面性和简单化。1859 年，马克思在《〈政治经济学批判〉序言》中指出：“无论哪一个社会形态，在它所能容纳的全部生产力发挥出来以前，是决不会灭亡的；而新的更高的生产关系，在它的物质存在条件在旧社会的胎胞里成熟以前，是决不会出现的。”正确认识和把握“两个必然”和“两个决不会”这两个论断之间的关系，对于我们坚持共产主义理想和中国特色社会主义信念具有重要的意义。

正因为马克思无情地宣布了资本主义必然灭亡，所以他是最遭资产阶级嫉恨和最受诬蔑的人。但马克思对这一切毫不在意，把它们当作蛛丝一样轻轻抹去。恩格斯宣布：马克思“可能有过许多敌人，但未必有一个私敌”。马克思这种英勇无畏、全心全意为着解放全人类的崇高精神永垂不朽，并将永远值得每一位真正的共产党人学习与继承。

（选自《党建研究》2011 年第 2 期）

在马克思墓地

马克思墓在伦敦市郊北部的海格特小山上。我在英国时正值铁路工人罢工，交通不便，陪我的孔慧怡女士又没有去过那里。七月十二日早晨，我们决定先到北区的查林再说。大风骤起，阴云密布。从筑路工人口中问明路由，缓步上坡，路不太陡，但对像我这样一个心脏病患者来说，还是有点吃力。两旁是属于中等阶级的住宅，看去简单朴素，幽静整洁。大约走了半个小时，便到坡路尽头，绿树成荫的滑铁罗公园已在眼前。进入大门，绕着池塘穿行，芳草如茵，杂花满圃。出北门向左一拐，便是与小山同名的海格特公墓，马克思和他的爱妻燕妮、外孙哈利·龙格、“忠诚的琳蘅”——海伦·德穆特等葬在一起。公墓的铁门半掩。里面到处是十字架，到处是大小不同、式样各别的墓碑。我们沿着一条长满蔓草的小径往南，读着每一块墓碑上的名字，其中有资本家、小商人、教师、海员……找不到一个我们曾经听到过的熟识的名字，更不用说全世界都知道的卡尔·马克思了。

不久，我从小径左边发现一座方形尖顶、巍然矗立的高高的碑石，碑座正面刻着墓中人姓名。原来这是英国女作家乔治·艾略特埋骨之处。艾略特生前从热心教会的善行转变到介绍唯物主义的无神论，大大地轰动了当时英国的思想界。她的长篇小说《亚当·比德》《佛洛斯河上的磨坊》《织工马南》取材农村，描写社会动态、刻画人物心理，从生活里提出了许多值得注意的问题。如像莎士比亚、狄更斯笔底的人物一样，马克思也引用过艾略特小说里的人物，去比拟他的朋友和熟人。例如在给他大女儿燕妮的信里，就说地质学家达金斯有点像艾略特小说《费里克斯·霍尔特》的主人公，不过达金斯不像费里克斯“装腔作势，而是有学识的”，他还告诉燕妮，自己曾开玩笑警告达金斯，要他别让艾略特夫人遇见，否则，“她会立刻抓住他，把他写进她的文学作品”去。看来马克思酷爱文学，很有风趣，常用艺术形象强化自己的观点，加深对方的感受，不肯轻易地放过从文学作品中得来的一切动人的印象。

我们继续前行。远处，一缕青烟冉冉上升，有个老人将成堆的枯枝点燃了，一面烧，一面不停地从四周把落叶扫拢来。我们加快步子，正待向前问讯，立刻发现自己原来走到了一个比较开阔的地方，绿荫环抱，不需要再问什么，马克思的头像已经赫然在望了。

头像底座是一块方形的浅色大理石。全部高三米余，宽一米五，正面中间微凹的小块白石，刻着墓中人姓名及其生卒年月，底座上端是英文金色大字："全世界无产者联合起来"。下端则是《关于费尔巴哈的提纲》中的名言："哲学家们只是用不同的方式解释世界，而问题在于改变世界。"比起中国传统的墓碑来，两句话也许简单了一些，但我以为选得十分恰当。正如李卜克内西说的：马克思不需要人家为他立纪念碑，他已经用《共产党宣言》和《资本论》为自己树立了纪念碑。是的，这才是不朽的纪念碑。因此，一八八三年三月十七日——马克思逝世后第三天，他被合葬在海格特公墓一角他的爱妻燕妮的墓穴里，离此一箭之地。我们现在站的并不是当年恩格斯作墓前演说的地方。这里是一九五四年新迁的墓址，由几个国家的共产党筹资建成。它并不豪华，却显得庄严，大方，雄伟，特别是一九五六年劳伦斯·布雷德肖雕塑的马克思青铜头像安上以后，这位思想家便以他的坚毅、慈祥、风趣，同时又带一点期待的神情，从高处凝望着这个世界，凝望着人类的正在变化的一切。

布雷德肖的马克思头像的确是一个杰作，就我见过的马克思画像或者塑像而言，似乎还没有一个能够超过他。为政治伟人——尤其是像马克思那样伟大的思想家造像是不容易的。布雷德肖取得了很大的成功，当然也不是十全十美。罗丹的《巴尔扎克》放手大胆，给人以一种粗犷的美，而他的《维克多·雨果》却是浑朴的、厚实的。我们的雕塑家为了保持严肃而不敢过于放任，为了表示正直而不想使棱角流于圆熟，我的印象是有点拘谨。这是艺术上的问题，又不完全是艺术上的问题。

我们在墓前大约流连了半个小时，天，始终是欲雨不雨的样子。当我转到滑铁罗公园，出了大门，踏着坡路走上归途的时候，脑海里时隐时现地闪动着马克思的头像，闪动着他的带一点期待从高处凝望这个世界的神情。这个神情使我困惑。我忽然若有所悟：呵，他在沉思，他的期待也正因为他在沉思。

恩格斯的墓前演说开头说："三月十四日下午两点三刻，当代最伟大的思想家停止思想了。……”不，我现在要说，他没有停止思想，他还在思想。一百年过去了。在伦敦北郊海格特小山上，我亲眼看到马克思带一点期待的神情凝望着这个世界，他没有停止思想，他还在思想。他在凝望中沉思。

马克思在沉思。

一九八三年六月三十日追记

（作者唐弢，文章有删节，选自《唐弢文集》，社会科学文献出版社，1995 年 3 月）

他的英名和事业永世长存

——写在马克思诞辰 200 周年之际

★ 任仲平

有人这样总结：马克思之前的历史，都通向马克思；马克思之后的历史，都是从马克思重新出发的。而在这个历史中处于核心地位的，就是“人”。

相比于以往全部“人的哲学”，马克思主义一个根本的不同就在于，它从来都不是从“想象出来的人”出发，恰恰相反，而是以“实际活动的人”作为落脚点。这不是乌托邦式的空想、说教式的漫谈，而是强调“只有在现实的世界中并使用现实的手段才能实现真正的解放”。这是马克思主义的核心主题，也是马克思主义追求的最高价值目标，更是理解马克思主义全部思想理论的前提和基础。

马克思为人的解放提供了行动的动力，从根本上改变了人类的命运。一部《共产党宣言》的传播史，就是一部工人运动史。政治选举权、八小时工作制、劳工立法……正如德国作家伯尔所说，“没有马克思的理论，没有马克思为未来斗争所制定的路线，几乎不可能取得任何的社会进步”。在马克思身后，无数人为把命运握在自己手里而奋斗。1917年，一趟风驰电掣的列车将列宁从苏黎世载到圣彼得堡，仿佛一发穿越欧洲的炮弹，炸毁旧时代的秩序。而阿芙乐尔舰震天撼地的炮声，不仅让冬宫震颤，更如惊雷唤醒沉睡的东方大地，改变了亿万人的命运。

马克思为人的解放提供了思想的火种，从根本上解放了人类的精神。马克思研究者戴维·麦克莱伦曾说：“马克思主义已经成为这样一种语言：数百万人用它来表达他们对一个更公正的社会的希望。”正是由于对人类苦难的感同身受、对人类生存状况的不断反思，他无情批判资产阶级“赤裸裸的利害关系”和自私自利本质，展望“人和自然界之间、人和人之间的矛盾的真正解决”的共产主义，将“实现每个人自由而全面发展”作为无产阶级运动的最终目的。马克思的学说使人类从半梦半醒中睁开眼睛，滋润着人类渴望解放、渴望美好的心灵，体现了人类对于理想社会的一切憧憬。

人的解放和自由全面发展，这不仅反映了那个时代的精神，还塑造和引导了新的时代精神；不仅是“时代精神的精华”的哲学，更是“文明的活的灵魂”的科学，因而一经产生，就“在世界一切文明语言中都找到了拥护者”。反对社会主义的人也不得不叹服，这是“第一个不限于某个特定群体，而受到不分种族、国别、宗教和文明的所有人支持的思想潮流”。

2018 年 4 月 13 日，一座高 4.4 米、重 2.3 吨的巨型马克思铜像远渡重洋，在特里尔市中心的西蒙教堂广场落成。这尊来自中国的铜像，正是这片土地及其之上生活的人们，对马克思的致敬。

马克思在世时正值中国近代史的开端，他曾从“两极相联”规律切入，预言中国可能对世界产生巨大影响。恩格斯则判断，“过不了多少年，我们就会亲眼看到世界上最古老的帝国的垂死挣扎，看到整个亚洲新纪元的曙光”。马克思可能不会想到，让这个国家重生、给这里的人们带来曙光的，正是他的思想。

在中共一大会址纪念馆展厅，陈列着《共产党宣言》第一个中文全译本，正文首页盖有一方图章，上书“张静泉（人亚）同志秘藏山穴二十余年的书报”。当年，白色恐怖下，张静泉的父亲不得不假称“儿子在外亡故”，将文件、书报埋藏在张静泉的“墓穴”里。薄薄的一本小册子，在中国人心中埋下一颗种子，人们为十月革命的胜利欢呼，“人道的警钟响了！自由的曙光现了！”

伟大的思想属于整个人类，那是放之四海而皆准的真理。阶级斗争、无产者、共产主义，为绝大多数人谋利益、为人类解放而奋斗……从遥远西方引来的火种，让中国人找到了一种“新的世界观”，与国家求解放、人民求生存的愿望强烈共鸣，如星火燎原般席卷中国大地，让一代代人勇往奋进以赴之、断头流血以从之，推动百年中国浩荡前行。

于中国而言，“马克思的整个世界观不是教义，而是方法”。马克思曾说，资产阶级在它的不到一百年的阶级统治中所创造的生产力，比过去一切世代创造的全部生产力还要多，还要大。而中国共产党人推进改革开放开辟了中国特色社会主义道路，让中国在 40 年里走过了资本主义国家几百年的发展历程。近百年来，正是因为找到了马克思主义，现代化的道路上有了真理的武器，求解放求发展的道路上有了信仰的支撑，古老中国走出了“覆屋之下，漏舟之中”的危局，亿万人民改变了“如笼中之鸟，牢中之囚”的命运。这是人类历史上最为壮丽的解放画卷，最好地体现了马克思主义作为人类解放事业指导思想的价值。

“沿着马克思的理论的道路前进，我们将愈来愈接近客观真理。”今天，中国特色社会主义进入新时代，当代共产党人以巨大的理论勇气和实践智慧，创立了习近平新时代中国特色社会主义思想，科学回答了新时代坚持和发展什么样的中国特色社会主义、怎样坚持和发展中国特色社会主义的问题，完成了马克思主义中国化的又一次伟大飞跃。

以托马斯·摩尔的《乌托邦》为标志，世界社会主义运动已走过五百多年。社会主义理论从空想到科学、社会主义运动从理论到实践、社会主义制度从一国到多国、社会主义革新从地区到全球，这一追寻人类理想社会的运动，最终在 21 世纪因为中国的崛起成为浩瀚洪波。习近平新时代中国特色社会主义思想，这一具有原创性、时代性的 21 世纪中国的马克思主义，为实现中华民族伟大复兴提供了行动指南，为开辟人类更加美好的前景指明了前进方向。其所秉持的理念、所推动的实践，不仅为中国赢得未来，更“让社会主义重新伟大”。

“以科学的态度对待科学，以真理的精神追求真理”，当马克思主义在世界的东方从理想变成了现实，踏上民族伟大复兴新征程的中国，需要回溯思想的源头，激发跨越百年而始终强劲的信仰的力量。

（文章有删节，选自《人民日报》2018 年 5 月 2 日）

做新时代马克思主义者

陈先达

习近平同志在纪念马克思诞辰200周年大会上的重要讲话中强调："马克思的一生，是为推翻旧世界、建立新世界而不息战斗的一生。"马克思不仅是一位伟大的思想家，而且是一位伟大的革命家，把解释世界和改变世界的努力有机融为一体。广大党员、干部要学习马克思，运用马克思主义立场、观点和方法发现问题、分析问题、解决问题，做新时代马克思主义者。

马克思表达了没有剥削、没有压迫、人人平等过上美好幸福生活的愿望，并且把这种愿望由憧憬变成科学。马克思对社会主义和共产主义理想从哲学、政治经济学和社会理论等各个方面给予科学的、系统的理论论证。做新时代马克思主义者，必须坚定马克思主义信仰。共产党人之所以信仰马克思主义，是为它的真理性所折服，信仰马克思主义就是信仰真理。马克思主义是真理，它具有科学性、客观性和可验证性。不论人们对理想社会有多么美好的设想，但如果不能揭示社会发展规律，没有找到实现理想的有效途径，那也难以真正对社会发展发生作用。唯物史观和剩余价值学说作为马克思划时代的贡献，创造性地揭示了人类社会发展的一般规律、资本主义运行的特殊规律，为人类的自由和解放指明了前进方向。

马克思主义不是教条，而是科学的、人民的、实践的、不断发展的开放的理论，始终站在时代前沿。它源于特定时代而又超越时代，随着实践的变化而发展。马克思主义基本原理宛如一把“万能钥匙”，但如果没有“锁”它也难以发挥应有的作用。“锁”就是问题，存在于实践中，存在于各门学科中。做新时代马克思主义者，就要坚持理论联系实际，通过学习马克思主义基本原理，树立正确的世界观和方法论，学会分析问题、解决问题，学会“开锁”，而不是仅仅把“万能钥匙”放在手中把玩。

马克思主义中国化，就是把马克思主义基本原理同中国具体实际相结合。习近平新时代中国特色社会主义思想，是对马克思列宁主义、毛泽东思想、邓小平理论、“三个代表”重要思想、科学发展观的继承和发展，是马克思主义中国化最新成果，是党和人民实践经验和集体智慧的结晶，是中国特色社会主义理论体系的重要组成部分，是全党全国人民为实现中华民族伟大复兴而奋斗的行动指南。它是当代中国马克思主义、21 世纪马克思主义。广大党员、干部要在学懂弄通做实习近平新时代中国特色社会主义思想上下功夫，悟原理、求真理、明事理，做到学思用贯通、知信行统一，不断增强“四个意识”，始终坚定“四个自信”，坚决做到“两个维护”。要让自己的思想、能力、行动跟上党中央要求、跟上时代前进步伐、跟上事业发展需要，做一个名副其实的新时代马克思主义者。

“学而后方知，知而后必行。”真正的马克思主义者都是立足于客观实际的实践者。做新时代马克思主义者，就要深刻把握我国社会主义初级阶段基本国情和新时代我国社会主要矛盾的变化，充分认识我国当前所面临的复杂国际国内形势，坚守人民立场，扎根实践沃土，努力为最广大人民谋幸福。广大党员、干部要以我们党正在做的事为中心，锐意改革创新，勇于迎难而上，积极投身于社会主义现代化建设，坚持和发展中国特色社会主义，为实现中华民族伟大复兴的中国梦贡献自己的力量。

（文章有删节，选自《人民日报》2019 年 5 月 31 日）

马克思怎样看待中国问题

马克思毕生关注中国，他以中国近代史的起点——鸦片战争为主要切入点，分析了近代中国面临危机和走向衰落的原因。在揭露西方列强侵华罪行的同时，马克思坚决维护中华民族的尊严，热情支持中国人民的正义斗争，预言中华民族必将在变革中崛起，成为开启整个东方世界新纪元的曙光，并明确地指出未来中国的社会主义必将独具特色。

马克思对中国问题的研究和论述，从一开始就同创立无产阶级新世界观的重要使命紧密相连。中国是马克思在理论研究和革命实践中长期关注的东方国家。

他一方面，广泛阅读欧洲各国学者关于中国历史文化的论著；另一方面，从议会通报、政府文件、军事要闻、媒体报道，以及来华的商界人士、外交官员、旅行家和传教士发表的记叙文章中，一点一滴地了解中国的历史文化和最新情况。

鸦片战争以后，积贫积弱的中国很难再自立于世界民族之林。而中国变革和新生的希望蕴藏在民众保卫祖国、振兴祖国的斗争激情和顽强意志之中。

马克思坚信，在这个世界上，没有任何势力能充当中国的拯救者和保护人，中国的命运必须掌握在中国人自己手中。马克思对中国人民反抗侵略和压迫的斗争表示充分肯定和坚决支持。

在《中国革命和欧洲革命》《英人对华的新远征》等文章中，马克思指出：在19世纪中叶的中国，“压抑着的、鸦片战争时燃起的仇英火种，爆发成了任何和平和友好的表示都未必能扑灭的愤怒烈火”；中国人普遍奋起反抗，用各种方式投入保卫祖国的斗争，他们运用的手段是起来反抗的民族在人民战争中所采取的手段，因而是天经地义、可歌可泣的壮烈之举。

中国社会的前途怎样？在马克思看来，随着引进西方的先进生产力，中国旧的文明即以农业和手工业相结合为基础的文明将被消灭，新的工业文明将建立起来。

马克思预言：“旧中国死亡的时刻正在迫近，中华民族将以崭新的面貌屹立于东方。”他指出：“封建专制的压迫和欧洲列强的侵略是引起中国革命的原因，中国革命必将对欧洲产生重要影响。”

在许多人看来，中国革命和欧洲革命是遥隔万里、互不相干的“两极”。马克思却以高瞻远瞩的眼光，使用“两极相联”这个包含着辩证法精神的朴素谚语，生动地说明了东方被压迫民族的解放斗争与国际无产阶级革命事业之间具有不可分割的联系，说明了中国革命必将对世界现代文明进步产生深远影响并作出卓越贡献。

（标题为编者所拟，作者王强，选自《马克思的思想轨迹：文本导读的视角》，人民出版社，2019 年 8 月）

哲学并不神秘

★ 艾思奇

提起哲学，有的人会想到旧社会大学校教室里的一种难懂的课程，也有的人会想到那些算命先生。许多人总以为哲学是一种虚无缥缈的学问，或者是一种谈命运说鬼神的神秘思想，以为哲学和我们的日常生活是隔得天地一般的远，普通人决难过问。其实，哲学和人类社会生活的关系，是非常密切的。在我们的日常生活里，随时随地都可以找到哲学的踪迹。只因为是日常生活，我们太习惯了，太觉得平淡了，因此即使有了哲学，如果不仔细反省和体会一下，也就不觉得它是哲学。

例如你有一个朋友，抗日战争以后和你离别七八年，现在又相见了。这时你作何感想？你首先就会觉得他和以前有种种不同，你觉得他的面容多少有些苍老了，但是经过多年抗战的锻炼磨折，你会看出他的思想知识更进步，经验更丰富更成熟了。你们再攀谈攀谈，把七八年来各人的经历再叙述一番，就会使你有更多的感触。你会觉得一切都不同了。世界变了样，中国变了样。希特勒没有了，墨索里尼没有了，在中国的领土上也没有日本军阀横行霸道了。中国有很大的地方成了解放区，广大的人民在政治上和经济上都翻了身，另外的地方却仍在国民党反动派专制独裁统治之下，在那里，美帝国主义代替了日本帝国主义的地位，蒋介石的国民党代替了汪精卫的国民党的地位，广大人民遭受着比以前更厉害的压迫和痛苦，也更加积极更加团结地要起来反对这种压迫。就你们以前的朋友亲戚的情形来说，变化一定也很多。有的由小孩变成青年，有的由衰老而死亡了。有的人参加过抗战成了英雄，有的成了牺牲者，有的发了国难财或者胜利财，有的穷困失业。总之，你们会感到一切和以前都有不同，你们会觉得在七八年的时间过程中，有的事物新生出来，有的事物毁灭了，有的事物正欣欣向荣，成为新世界的主人，有的事物衰老没落，或者奄奄一息地进了坟墓，或者正在做疯狂的临死挣扎。这一切现象会使你们感动、叹息、兴奋，并且在你的头脑里，深深地印上一个“一切都变了”

的观念。

这时，即使你是对哲学毫无研究的人，你在无意中已经有了一个真真实实的哲学思想了。你能觉察到这就是一种哲学思想吗？你只以为朋友的久别重逢是人们生活里一件很平常的事情，在这件事情当中你的一切感想也只是日常生活里很平常的感想。你以为这种感想和你平常想象中的那种高深玄妙的哲学是毫不相干。你不但不了解这里面就有哲学，而且如果听见有人说这就是一种哲学思想，说不定你会大吃一惊，说：为什么这样普通的一件事和这样普通的感想中也有哲学呢？其实，你本来一点也用不着吃惊，你所以吃惊，只因为你向来有一个错误的观念，以为只有那种哲学专家们所写的书本里才有哲学，而忘记了千万人在生活中和社会斗争中所发生的思想里面，到处包含着哲学思想的根苗。

请你注意，我们说在日常生活里，随时随地都可以找到哲学的踪迹；我们又说，千万人在生活中和社会斗争中所发生的思想里面，到处包含着哲学思想的根苗。这些话，有着两方面的意思：一方面是说，哲学这东西并没有什么神秘玄妙，它和我们的日常生活联系得很密切，书本上似乎很高深的哲学，和日常生活中我们的某些很平常的思想中间，并没有隔着铜墙铁壁。另一方面是说，日常生活的普通思想中，还不一定就有系统完整的哲学思想，它包含着哲学思想的一些根苗，没有它，就不能生长起哲学思想，就好像没有根苗就不可能生长起树木来一样。但是完整的哲学思想必须是相当有系统的、明确的思想；日常生活中的思想却常常不是这样，它常常是片断的、含糊的、零零碎碎而前后不一贯的感想，因此它和完整的哲学还是多少有些差别。

（文章有删节，选自《大众哲学》，天津人民出版社，2018 年 12 月）

“偶然”非偶然

★ 袁隆平

必然性与偶然性是唯物辩证法中的一对范畴。必然性寓于偶然性之中，通过偶然性表现出来；偶然性是必然性的表现形式，“偶然”非偶然。科学家的任务，就是透过偶然性的表面现象，找出隐藏在其背后的必然性。很多科学发现正是通过偶然所触发的灵感而完成的，例如，阿基米德在洗澡时发现了测定王冠含金量的方法，从而发明了流体静力学；牛顿通过苹果落地发现了万有引力定律；代数学中的四元素是英国数学家哈密顿在和妻子散步时发现的；德国化学家凯库勒在椅子上小憩时发现了苯环结构，等等。但是，这些偶然发现并不是凭空产生的，是有前提条件的，有必然因素起作用。一是研究者对需要解决的问题具有丰富而专门的知识储备、知识背景；二是研究者必须有一个对问题寻求解答的反复思考和艰苦探索的过程；三是研究者要对多种科学方法、思维方法十分娴熟以至于可以无意识地进行选择和运用。对此，我有切身的体会。

1960 年，一次偶然的机会，我在试验田中发现了一株“鹤立鸡群”的水稻，它不仅穗大粒多，而且籽粒饱满。我如获至宝，将种子收集起来，第二年种下进行试验，满心希望这个品种能成“龙”，结果却大失所望，性状竟发生了分离，高的高、矮的矮，生长期也有长有短，没有一株超过前一代。但就在失望和疑惑之余，我产生了顿悟：根据遗传学常识，纯种水稻的第二代是不会出现分离现象的，只有杂种才会。这样看来，原先发现的那株优良水稻，可以断定是天然杂交水稻的第一代。这一发现，使我对“水稻是自花授粉作物，没有杂交优势”这个当时育种界的流行观点产生了动摇，进而提出了“要利用水稻的杂种优势，首推利用水稻的雄性不孕性”的设想，并设计出整套培育杂交水稻的方案，即培育出不育系、保持系和恢复系，然后通过“三系”配套，完成不育系繁殖、杂交制种和大田生产应用这样的一套杂交水稻生产程序。从此，我坚定地踏上了杂交水稻的研究道路，并最终取得了成功。试想一下，如果我没有对水稻知识的储备，没有对水稻问题的研究和思考，我就不会“发现”那株“鹤立鸡群”的水稻，也不会产生什么顿悟。偶然与必然的辩证法说明：一方面，在科学研究过程中，切勿放过“思想火花”；另一方面，“幸运”只会惠顾有准备的人。所以，要多积累、多思考，为“火花”的出现，为“触景”时能“生情”创造必要的条件。

当然，我这里只是以偶然与必然的辩证关系来说明哲学的指导作用，而哲学对科学的作用决不仅仅限于这些。科学研究离不开哲学的指导，正如恩格斯在《自然辩证法》中所说的那样，不管自然科学家采取什么样的态度，他们总还是处在哲学的支配下，因而自然科学家取得成功的科学实践，必然是在正确的思维指导下进行的。大凡在科学上有所成就、有所贡献的科学家都很重视哲学对科研实践的指导作用。在科学研究中，运用哲学与不运用不一样，自觉运用与不自觉运用又不一样。日本科学家坂田昌一临终前写道：“恩格斯的《自然辩证法》在我 40 年的研究生活中经常地授给我珠宝般宝贵的光辉。”我国杰出科学家钱学森也指出：“马克思主义哲学确实是一件宝贝，是一件锐利的武器。我们搞科学研究时（当然包括搞交叉科学研究），如若丢掉这件宝贝不用，实在是太傻了。”他们的话是宝贵的经验，值得我们记取。

（选自《求是》2002 年第 23 期）

为什么要社会主义？

★［美］阿尔伯特·爱因斯坦

许良英等 译

人既是孤独的人，同时却又是社会的人。作为孤独的人，他企图保卫自己的生存和那些同他最亲近的人的生存，企图满足他个人的欲望，并且发展他天赋的才能。作为社会的人，他企图得到他的同胞的赏识和好感，同他们共享欢乐，在他们悲痛时给以安慰，并且改善他们的生活条件。

对于个人来说，“社会”这个抽象概念意味着他对同时代人以及以前所有各代人的直接关系和间接关系的总和。个人是能够自己进行思考、感觉、奋斗和工作的；但在他的肉体、理智和感情的生活中，他是那样地依靠着社会，以至在社会组织以外，就不可能想起他，也不可能理解他。是“社会”供给人以粮食、衣服、住宅、劳动工具、语言、思想形式和大部分的思想内容；通过过去和现在亿万人的劳动和成就，他的生活才有可能，而这亿万人全都隐藏在“社会”这两个小小字眼的背后。

现在可以扼要地说明我们时代的危机的本质究竟是什么。在我看来，这个问题牵涉到个人对社会的关系。现在的个人比以往都更加意识到他对社会的依赖性。但他并没有体会到这种依赖性是一份可靠的财产，是一条有机的纽带，是一种保护的力量，反而把它看作是对他的天赋权利的一种威胁，甚至是对他的经济生活的一种威胁。而且他在社会里的地位总是这样，以致他性格中的唯我倾向总是在加强，而他本来就比较微弱的社会倾向却逐渐在衰退。所有的人，不论他们的社会地位如何，全都蒙受这种衰退过程。他们不自觉地做了自己的唯我论的俘虏，他们感到忧虑不安、孤单寂寞，并且丧失了天真、单纯和淳朴的生活乐趣。人只有献身于社会，才能找出那实际上是短暂而有风险的生命的意义。

照我的见解，今天存在着的资本主义社会里经济的无政府状态是这种祸害的真正根源。我们看到在我们面前一个庞大的工商业界，它的成员彼此在不断地拚命剥夺他们集体劳动的果实，这种剥夺不是通过暴力，整个来说，而是严格按照法定的条例去进行的。在这方面，重要的在于认识到生产手段——那就是生产消费资料以及附加的生产资料所必需的全部生产能力——可以合法地是，而且大部分已经是个人的私有财产。

这种对个人的摧残，我认为是资本主义的最大祸害。我们整个教育制度都蒙受其害。人们还把夸张的竞争姿态教给学生，训练他们对好胜喜功的崇拜，以作为他们未来生涯的一种准备。

我深信，要消灭这些严重祸害，只有一条道路，那就是建立社会主义经济，同时配上一套以社会目标为方向的教育制度。在这样一种经济制度里，生产手段归社会本身所有，并且有计划地加以利用。计划经济按社会的需要而调节生产，它应当把工作分配给一切能工作的人，并且应当保障每一个人，无论男女老幼，都能生活。对个人的教育，除了要发挥他本人天赋的才能，还应当努力发展他对整个人类的责任感，以代替我们目前这个社会中对权力和名利的赞扬。

然而应当记住，计划经济还不就是社会主义。计划经济本身还可能伴随着对个人的完全奴役。社会主义的建成，需要解决这样一些极端困难的社会—政治问题：鉴于政治权力和经济权力的高度集中，怎样才有可能防止行政人员变成权力无限和傲慢自负呢？怎样能够使个人的权利得到保障，同时对于行政权力能够确保有一种民主的平衡力量呢？

（文章有删节，选自《爱因斯坦文集》，商务印书馆，1979 年 10 月）

庶民的胜利

★ 李大钊

我们这几天庆祝战胜，实在是热闹得很。可是战胜的，究竟是哪一个？我们庆祝，究竟是为哪个庆祝？我老老实实讲一句话，这回战胜的，不是联合国的武力，是世界人类的新精神。不是哪一国的军阀或资本家的政府，是全世界的庶民。我们庆祝，不是为哪一国或哪一国的一部分人庆祝，是为全世界的庶民庆祝。不是为打败德国人庆祝，是为打败世界的军国主义庆祝。

这回大战，有两个结果：一个是政治的，一个是社会的。

政治的结果，是“大……主义”失败，民主主义战胜。我们记得这回战争的起因，全在“大……主义”的冲突。当时我们所听见的，有什么“大日尔曼主义”咧，“大斯拉夫主义”咧，“大塞尔维主义”咧，“大……主义”咧。我们东方，也有“大亚细亚主义”“大日本主义”等等名词出现。我们中国也有“大北方主义”“大西南主义”等等名词出现。“大北方主义”“大西南主义”的范围以内，又都有“大……主义”等等名词出现。这样推演下去，人之欲大，谁不如我？于是两大的中间有了冲突，于是一大与众小的中间有了冲突，所以境内境外战争迭起，连年不休。“大……主义”就是专制的隐语，就是仗着自己的强力蹂躏他人、欺压他人的主义。有了这种主义，人类社会就不安宁了。大家为抵抗这种强暴势力的横行，乃靠着互助的精神，提倡一种平等自由的道理。这等道理，表现在政治上，叫做民主主义，恰恰与“大……主义”相反。欧洲的战争，是“大……主义”与民主主义的战争。我们国内的战争，也是“大……主义”与民主主义的战争。结果都是民主主义战胜，“大……主义”失败。民主主义战胜，就是庶民的胜利。

社会的结果，是资本主义失败，劳工主义战胜。原来这回战争的真因，乃在资本主义的发展。国家的界限以内，不能涵容他的生产力，所以资本家的政府想靠着大战，把国家界限打破，拿自己的国家做中心，建一世界的大帝国，成一个经济组织，为自己国内资本家一阶级谋利益。俄、德等国的劳工社会，首先看破他们的野心，不惜在大战的时候，起了社会革命，防遏这资本家政府的战争。联合国的劳工社会，也都要求平和，渐有和他们的异国的同胞取同一行动的趋势。这亘古未有的大战，就是这样告终。这新纪元的世界改造，就是这样开始。资本主义就是这样失败，劳工主义就是这样战胜。世间资本家占最少数，从事劳工的人占最多数。因为资本家的资产，不是靠着家族制度的继袭，就是靠着资本主义经济组织的垄断，才能据有。这劳工的能力，是人人都有的，劳工的事情，是人人都可以做的，所以劳工主义的战胜，也是庶民的胜利。

民主主义、劳工主义既然占了胜利，今后世界的人人都成了庶民，也就都成了工人。我们对于这等世界的新潮流，应该有几个觉悟：第一，须知一个新生命的诞生，必经一番苦痛，必冒许多危险。有了母亲诞孕的劳苦痛楚，才能有儿子的生命。这新纪元的创造，也是一样的艰难。这等艰难，是进化途中所必须经过的，不要恐怕，不要逃避的。第二，须知这种潮流，是只能迎，不可拒的。我们应该准备怎么能适应这个潮流，不可抵抗这个潮流。人类的历史，是共同心理表现的记录。一个人心的变动，是全世界人心变动的征兆。一个事件的发生，是世界风云发生的先兆。一七八九年的法国革命，是十九世纪中各国革命的先声。一九一七年的俄国革命，是二十世纪中世界革命的先声。第三，须知此次平和会议中，断不许持“大……主义”的阴谋政治家在那里发言，断不许有带“大……主义”臭味，或伏“大……主义”根蒂的条件成立。即或有之，那种人的提议和那种条件，断归无效。这场会议，恐怕必须有主张公道破除国界的人士占列席的多数，才开得成。第四，须知今后的世界，变成劳工的世界。我们应该用此潮流为使一切人人变成工人的机会，不该用此潮流为使一切人人变成强盗的机会。凡是不做工吃干饭的人，都是强盗。强盗和强盗夺不正的资产，也是一种的强盗，没有什么差异。我们中国人贪惰性成，不是强盗，便是乞丐，总是希图自己不做工，抢人家的饭吃，讨人家的饭吃。到了世界成一大工厂，有工大家做，有饭大家吃的时候，如何能有我们这样贪惰的民族立足之地呢？照此说来，我们要想在世界上当一个庶民，应该在世界上当一个工人。诸位呀！快去做工呵！

（选自《〈新青年〉基本读本》，上海书店出版社，2015 年 9 月）

梦想一定能照进现实

李斌 魏梦佳 邰思聪

94年前的4月28日，北平，在受尽各种严刑拷问后，一个年轻生命始终坚贞不屈，最后英勇就义；

94年来，他的名字，始终在神州大地闪耀，被无数人所怀念……

他，就是中国共产主义运动的先驱、伟大的马克思主义者、杰出的无产阶级革命家、中国共产党主要创始人之一的李大钊。

2021年，是中国共产党成立100周年，在李大钊牺牲日即将到来的日子里，人们通过各种方式缅怀、纪念这位最早的马克思主义传播者。

“今天，李大钊同志为之奋斗的理想早已变成现实”——2019年10月，中共中央政治局常委王沪宁在纪念李大钊同志诞辰130周年座谈会上指出。

穿越时空回望，是什么力量，让年仅 38 岁的李大钊视死如归？他“为之奋斗的理想”是什么？理想的力量究竟有多大？

“为共产主义奋斗终身，随时准备为党和人民牺牲一切”——入党誓词，是一份承诺，更是一种理想和信念。

革命理想高于天。瞿秋白、方志敏、刘胡兰，焦裕禄、王进喜、孔繁森，从革命年代到和平时期，涌现出了无数无私奉献、不畏牺牲的中国共产党人名字……

“人的生命只有一次，为什么先烈们能够义无反顾、视死如归？答案只有一个，这就是对马克思主义的信仰、对社会主义和共产主义的信念。”中央党校教授董振华说。

放眼中国共产党 100 年，正是因为有着坚定的理想信念，中国共产党人才能经受一次次挫折而又一次次奋起，不断取得一个又一个胜利……

“我们批评或采用一个人的学说，不要忘了他的时代环境和我们的时代环境就是了。”北大图书馆大钊阅览室内的常设展上，一本《新青年》上登载了李大钊撰写的《我的马克思主义观》。

100 多年过去，马克思主义和“时代环境”相结合——一条由中国共产党人开辟的中国特色社会主义道路，铺展在世界东方，令世界为之瞩目：中国稳居“世界第二大经济体”位置已有多年，经济实力、国际竞争力都迈上了大台阶。

“李大钊以开拓者的无畏姿态，旗帜鲜明地指出马克思主义是我们时代的真理，是‘拯救中国的导星’，并积极付诸行动，最终形成了与中国实际相适应的政党。”北京大学校史馆副研究员林齐模说。

李大钊为之奋斗的理想，早已变成现实……

他呼吁成立“强固精密的组织”——李大钊等先驱创建的中国共产党，带领中国正从站起来、富起来迈向强起来。这个拥有9500多万名党员的世界第一大政党，历经考验仍风华正茂。

他呼吁“保护民众利益”——从1949年新中国成立、亿万人民翻身做主人，到建立人民代表大会制度、政治协商制度，从世界上规模最大的社会保障体系到解决绝对贫困问题、战胜新冠肺炎疫情，“以人为本”“生命至上”的理念穿越时空……

他呼吁“发达国家产业”——中国国内生产总值已突破100万亿元；220多种工业产品产量居世界第一；制造业增加值连续11年居世界第一；高速铁路营运总里程居世界第一……

“100年的历史证明：社会主义没有欺骗中国。”《觉醒年代》编剧龙平平说，今天，社会主义中国的蓬勃发展和取得的巨大成就，令人信服地说明了100年前先哲们的选择是正确的。

“近百年后的今天，我们能看到，以李大钊为代表的马克思主义者的理想已成为现实，中国特色社会主义事业取得了历史性成就。”中国李大钊研究会会长朱善璐说。

理想，是人们的奋斗目标和精神支柱。

“中国特色社会主义共同理想，就是在中国共产党领导下中国人民为了实现社会主义现代化和中华民族伟大复兴的群体理想。只要我们团结一心，为实现共同理想共同奋斗，实现梦想的力量就会无比强大，梦想就一定能够照进现实。”董振华说。

爱国主义精神是中华民族精神的核心，是中华儿女团结奋斗、自强不息的源泉。

一个国家，如果没有共同的社会理想，就等于没有灵魂。

中国共产党成立 100 周年之际，回望李大钊短暂一生，历史昭示未来：理想的力量是无穷的，面对复杂形势，面向未来，必须用中国特色社会主义共同信仰凝聚起亿万民众的磅礴力量。

中国特色社会主义已经进入新时代，中华民族迎来了从站起来、富起来到强起来的伟大飞跃，迎来了实现伟大复兴的光明前景。

人们坚信，沿着中国特色社会主义道路继续前进，李大钊先生所梦想的“黄金时代”就在前方！

（标题为编者所拟，原题《理想的力量——写在李大钊牺牲94周年之际》，文章有删节，选自新华社北京2021年4月27日电）

李大钊：最早的“播火者”

李大钊率先在中国介绍、宣传和研究马克思主义，是20世纪初中国革命的“播火者”，也是一位伟大的爱国者。为了在半殖民地半封建的中国传播马克思主义和无产阶级革命的火种，他一往无前，矢志不渝，最终献出了自己的生命。

引来救世“天火”

1917年11月，李大钊经友人介绍来到北京大学。当时北大是新文化运动的核心阵地，聚集了陈独秀、胡适等新文化运动的领军人物，兼容了各种思潮学说，李大钊称它为“黑暗中之灯塔”。

跻身高收入、高地位的学者行列，李大钊并不安于富足的生活，仍记国难当头，思大众疾苦。李大钊东渡日本求学期间曾接触到社会主义和马克思主义，从二月革命时就关注俄国局势，已隐约感到十月革命的重要性，迫切想尽快探明十月革命的真谛。他便将目光再次转向日本进步思想界，搜集一切能搜集到的有关资料，埋头研究、比较。三四个月后，他开始明白十月革命的意义，认识到：十月革命、社会主义、马克思主义学说，就是拯救中国人民走出黑暗的“天火”。他决心把这“天火”引到中国来。

1918 年 1 月，李大钊担任北大图书馆主任，从国内外买进大批新书，特别是关于马克思主义的外文书籍。除了讲学和参加社会活动，李大钊就在北大红楼读书，刻苦钻研马克思主义和十月革命的经验。其间，他接连发表《法俄革命之比较观》《庶民的胜利》《布尔什维主义的胜利》等文章和演讲，介绍、宣传、讴歌十月革命，充满激情地预言“试看将来的环球，必是赤旗的世界”。正是在了解、宣传、研究十月革命过程中，李大钊迅速实现了从爱国主义、民主主义向社会主义、共产主义的思想转变，成为中国最早擎起马克思主义和社会主义大旗的第一人。

播撒革命火种

作为老师，李大钊对青年十分关心。他认为，“青年者，国家之魂”，是民族复兴、国家富强的希望所在。他广泛结交青年朋友，积极为其排忧解难，并多方提携扶植，指引青年朝着正确方向前进。

在他高举的红色旗帜下，会聚了邓中夏、高君宇、何孟雄、黄日葵、罗章龙、刘仁静等一批进步知识分子，他们都或多或少，或直接或间接地受过李大钊的帮助、教育和影响。

1918 年冬，从湖南来到北京的毛泽东在李大钊帮助下获得在北大图书馆工作的机会。此时，正是李大钊开始向中国民众宣传俄国十月革命的重要时期。毛泽东这次在北京待了 4 个月，受李大钊影响开始接触马克思列宁主义并确定了共产主义信仰。1936 年，毛泽东会见美国记者埃德加·斯诺时曾说：“我在北大图书馆当助理员的时候，在李大钊手下，很快地发展，走到马克思主义的路上。李大钊是我的老师。”李大钊对马克思主义的坚定信仰、大力宣传和不懈实践，影响了一代青年，培育了一批革命火种。

投身建党伟业

1920年2月中旬，年关将至。一辆带篷的骡车缓缓驶出北京朝阳门向东走去。车上坐着一个商人模样的人，操着北方口音，从容应对一路盘查，车内的人则一声不吭。这两个人就是乔装后的李大钊和陈独秀。此行是李大钊护送陈独秀出京赴上海，二人在途中商讨了建党问题，并相约在北京和上海分头筹备。由此，留下了“南陈北李，相约建党”的佳话。

1920年10月，在北大马克思学说研究会的基础上，北京共产党小组在北大红楼李大钊办公室成立。李大钊送别来华帮助建党的共产国际代表维经斯基时说：“我们这些人只是几颗革命的种子，以后要好好工作，把种子栽培起来，将来是一定会有收获的。”在李大钊领导下，北京早期党组织发展很快，至一大召开时已有10余名党员。中共北京支部成为北方共产主义组织的核心，成员们到各地活动，对北方各地党组织的建立起到指导和协助作用。1921年7月，中国共产党第一次代表大会在上海召开。李大钊虽因故未能参会，但他为筹建中国共产党做出的巨大贡献，使其成为公认的党的主要创始人之一。

献身理想信念

1926年“三一八”惨案以来，北方政治形势日益恶化，李大钊一直受到北洋政府通缉。党组织和战友们都劝他离开，但他认为北京还有不少重要工作要做，要留下来继续战斗。

1927年4月6日，奉系军阀控制下的北京政府派大批军警包围了苏联使馆，李大钊连同留京的国共两党工作人员共60余人一同被捕。在狱中，李大钊承认自己为马克思学说崇信者，故加入共产党，其他一概不知。他写下《狱中自述》，公开昭示自己“自束发受书，即矢志努力于民族解放之事业，实践其所信，励行其所知”的人生理想和革命历程，表示“为功为罪，所不暇计”，表现出一个共产党人无私无畏的革命气概。4月28日，李大钊等20人被判绞刑。李大钊首登绞刑台，慷慨赴义。

李大钊生前曾撰有一篇短文《牺牲》：“人生的目的，在发展自己的生命，可是也有为发展生命必须牺牲生命的时候。因为平凡的发展，有时不如壮烈的牺牲足以延长生命的音响和光华。绝美的风景，多在奇险的山川。绝壮的音乐，多是悲凉的韵调。高尚的生活，常在壮烈的牺牲中。”

（作者不详，文章有删节，选自求是网 2019 年 10 月 29 日）

对马列学院第一班学员的讲话

★ 刘少奇

为什么要办马列学院，为什么要学马列主义呢？特别是一个共产党员，不学行不行？少学行不行？不行。“没有革命的理论，就不会有革命的运动。”这是列宁的有名的话。革命的行动是受革命的理论指导的。理论正确，指导正确，革命就能胜利，否则不能胜利。马列主义是我们党的理论基础，但我们党在提高理论修养方面是有缺点的。我们的干部几年来做了很多工作，对日本帝国主义斗争，对蒋介石斗争，对地主阶级斗争，艰苦奋斗，这很好。但缺点是理论修养不够，许多同志最重要的缺点就在这里。就整个党来说，我们是不是个有马列主义理论的党呢？是的，是有理论的，而且从来就是在马列主义理论基础上建立起来的党。党中央、毛主席的马列主义修养，是大家都知道的。但是我们多数人在这方面还有很多缺点。我们要提高党的干部的理论水平，使各方面比较负责的干部具有或多少具有马列主义的理论修养，一定要做到这一点。这就是我们办马列学院的目的。马列学院办起来，就是要使一些负责干部有时间、有机会学到一些马克思主义理论，或多或少具有马列主义理论修养，再回到工作中去，把工作做得更好。做过实际工作的同志，在实际工作中碰到很多问题解决不了。例如，一下子农业社会主义，一下子又是地主富农思想，一下子又是资本主义思想。做了一些工作，有成绩是一方面，但还有另一方面，即犯过些错误。只要真正多少做过具有群众性的、在革命中起过些作用的工作的人，都懂得自己有盲目性，犯过错误。经济工作中犯过错误，土改工作中犯过错误，组织工作中犯过错误，就是因为有盲目性，缺少知识。很多同志现在也许还不了解，到毕业时就会知道，过去犯的那些错误，是马克思、列宁早就在原则上说过了的。

有些同志希望多听报告。这不是坏事，但有点依赖别人学习的味道。你们的意思好像是说：读过马恩列斯的书的同志，讲给我听，我就可以不读了。这是懒汉的精神，想依赖别人。这种精神，是与共产党员的精神不符合的。共产党员的精神，是积极上进的精神、独立创造的精神。列宁讲过，要认识一个复杂的问题，要认识一个真理，没有相当艰苦的独立的精神和工作是不可能的。必须有自觉的、艰苦的、独立的工作，要自己搜集材料，分析材料，否则要了解真理是不可能的。斯大林也讲过，我们不能希望马克思在几十年前就把几十年后的事情都做完，把我们的一切问题都解决了。他们总要留一点事情给后人做。他们没有做完的工作还很多，你要做起来，就不太容易，就是相当艰苦的工作。自己不进行独立的艰苦的工作，要想学到一些理论知识是不可能的。所以学习主要是靠自己。听报告，听教员讲，只能得到一定的帮助，不能完全依赖听报告和教员。要学得一点东西，必须靠自己努力，方法也要弄对。只努力而方法不对，也学不到什么，自认为学到了，也是假的，靠不住的。

有人会说："我不读马列主义的书不行吗？以前我不读这些书，也当了县委书记、地委书记；我现在不读，也能当县委书记、地委书记。"但是，现在中国革命胜利了，不读书，可不成。以前在山头上，事情还简单，下了山，进了城，问题复杂了，我们要管理全中国，事情更艰难了。我们打倒蒋介石、打倒旧政权后，要领导全国人民组织国家，如果搞得不好，别人也能推翻我们的。唐太宗曾与魏徵争论过一个问题：创业难呢，还是守成难呢？历史上从来有这个问题。得了天下，要能守住，不容易。很多人担心，我们未得天下时艰苦奋斗，得天下后可能同国民党一样腐化。他们这种担心有点理由。在中国这个落后的农业国家，一个村长，一个县委书记，可以称王称霸。胜利后，一定会有些人腐化、官僚化。如果我们党注意到这一方面，加强思想教育，提高纪律性，就会好一些。所以现在采取许多办法，如在党内反对地主富农思想，反对资本主义意识，进行批评、斗争以至处分、撤职等等，都是为了挽救堕落的干部。否则，堕落的人会很多，会使革命失败。因此，不是说胜利了，马克思的书就不要读了，恰恰相反，特别是革命胜利了，更要多读理论书籍，熟悉理论，否则由于环境的复杂，危险更大。

（文章有删节，选自《刘少奇选集》，人民出版社，1981 年 12 月）

理论学习不能片面化碎片化

杨春贵

理论学习是党员干部的安身立命之基、干事创业之本。加强理论学习，贵在全面、系统、深入地读原著、学原文、悟原理，避免片面化碎片化。

重视读原著是党的理论武装工作的好传统，也是一条重要历史经验。毛泽东同志历来重视干部对马列著作的学习，经常结合不同时期的需要提出一些书目，称作“干部必读”，要求全党同志学习。中央党校的教学方针中就有一条，叫“两为主，一加强”，即以自学为主、学习原著为主，加强对实际问题的研讨。2011 年 5 月 13 日，习近平同志在中央党校以《领导干部要重视学习马克思主义经典著作》为题给学员作报告，列出 18 篇马列和毛泽东著作，要求大家“专心致志地读、原原本本地读、反反复复地读”。

重视读原著，有一种观点值得注意。有人认为，只要认真读了原著，那些第二手的东西就可以不必学了。这是片面的。好的辅导报告、辅导材料和体会文章、著作，都有价值，适当地听一些、看一些是有益的，有助于我们对原著的理解，有助于启发思想、拓展思路，有助于开阔视野、增长知识。但是，只重视二手资料的学习而不重视读原著，更是片面的，因为所有二手资料都不能代替我们对原著的阅读。任何解读都不可避免地带有解读者的烙印，解读者的长处和短处在解读的过程中会自觉不自觉地表现出来。如果不阅读原著，就难以弄清哪些解读是正确的、哪些解读是偏颇的，甚至可能被一些带有明显错误倾向的观点所误导。

恩格斯说过，一个人想研究科学问题，首先要学会按照作者写作的原样去阅读自己要加以利用的著作，并且不要读出原著中没有的东西。在各种思潮相互激荡、思想领域的矛盾和斗争错综复杂的今天，人们对同一讲话、同一文献作出不同甚至相反的解读，并不是什么罕见的现象；至于说由于认识能力的局限而出现种种主观、片面和肤浅的解读，更是所在多有。所以，我们必须用主要的时间和精力去阅读、钻研原著，辅之以阅读第二手材料，而不能颠倒主次、舍本求末。

阅读原著和原文是提高理论素养和政治鉴别力的必由之路。党的十八大以来，习近平同志发表系列重要讲话，提出一系列独创性的思想理论观点，进一步丰富和发展了中国特色社会主义理论体系。深入学习习近平同志系列重要讲话，是当前理论武装工作的重中之重。专心致志地、原原本本地、反反复复地阅读习近平同志系列重要讲话，不但可以使我们完整准确地把握其精神实质，而且可以使我们从中受到理想信念教育、家国情怀感染、担当精神启迪、朴实文风熏陶。这种潜心阅读本身就是一个锤炼党性、丰富知识、开阔视野、增加思想深度、训练思维能力的过程，是一个培养高瞻远瞩的战略眼光和脚踏实地的工作作风的过程。

不论研究什么问题，都要注重基本观点之间的关联，不能陷入非此即彼的片面性，不能导致理论武装碎片化，因为真理是全面的、联系着的。

（文章有删节，选自《人民日报》2015 年 1 月 21 日）

刘少奇与他的农民通讯员

1953 年，随着第一个五年计划的实施和过渡时期总路线的提出，拉开了我国工业、手工业和资本主义工商业社会主义改造的序幕。

为了了解人民群众对农业生产互助合作的看法，刘少奇打算托人捎信给自己的家乡湖南省宁乡县花明楼乡（今宁乡市花明楼镇），请乡亲们选派几位老农到北京来，当面与他们促膝谈心，了解农村的真实情况。

经过反复认真的协商、比较、筛选，花明楼乡干部最后决定选派成敬常、黄端生、齐海湘、刘永武 4 个人，代表全乡农民进京，向刘少奇反映农村情况。

9 月 15 日，成敬常一行抵达北京，接待人员把他们迎进屋内，安排他们住下。刚刚洗漱完毕，就有一个工作人员来通报说：少奇同志请他们现在就去中南海。车子载着 4 位身份特殊的农民七拐八弯地来到了中南海一幢房子跟前。这时，刘少奇和王光美站在门口迎接，并和他们一一握手。刘少奇把客人请进他的办公室。办公室里陈设也很简单，几只书柜、文件柜，一对沙发、一把藤椅。客人多了，工作人员临时搬来两把靠椅。宾主落座后，刘少奇敬烟，王光美泡茶，一如农家待客。

拉完家常，刘少奇问起家乡的农业生产、互助合作、社会治安等方面的情况。成敬常说："土改后，贫雇农分了田，生产积极性都很高。但因家底子薄，耕牛农具不足，影响了生产的发展。我这里带来一个材料，是听取了大家的意见，跟村小学王老师商量整理的，请刘主席过目！"刘少奇接过那份材料，仔细看了一遍，说："成敬常同志，你反映的情况很好。我在中央工作，需要从多方面了解乡下实情。这次请你们 4 位来，就是想跟你们商量，经常保持通信关系。比如说，你们一年给我写两封信，反映一下乡里的情况，应该不难吧！"

刘少奇又嘱咐大家："请你们一定要讲真话，千万不能说假话。说错了不要紧，我不会责怪你们，更不会打棍子。你们能不能够做到？"

4位老实巴交的农民代表异口同声地回答："能够做到！"

1961年4月2日至5月16日，刘少奇轻装简从，专程来到湖南省宁乡、长沙农村进行蹲点调查。5月3日，刘少奇回到他阔别40年的故乡炭子冲，继续他的调查走访。回到故乡，刘少奇首先想到的就是那些农民通讯员。

5月4日，刘少奇请来少年时的朋友、农民通讯员黄端生叙旧聊天。

5月6日上午，刘少奇找来他的农民通讯员之一、原炭子冲大队支部书记王升平，亲切地问这问那。一阵嘘寒问暖后，话题自然而然转到工作上，刘少奇问："你为啥犯了错误？"

"没听党的话，没听毛主席的话。"

刘少奇听了说："我看还要加一条，没听群众的话。你把安湖塘的好田改成鱼塘，搞那么大，费了那么多的工，也不养鱼，群众当然有意见。当干部的，什么事都要和群众商量，不能唱独角戏。百斤担子，十个人挑就很轻，一个人挑就很累嘛！"

从早上到中午，刘少奇与王升平谈了3个多小时。时值午饭时分，刘少奇夫妇热心地挽留王升平同他们一起吃了顿便饭，边吃边谈。刘少奇明白王升平对自己的"错误"还想不通，不愿再当那"吃力不讨好”的干部，就语重心长地说：“干部是社员的勤务员，不是社员的老子，应该好好为社员办事，社员会感激你的。”

饭后，当王升平告辞时，刘少奇紧紧握着王升平的手，嘱咐道：“今后还希望你每年给我写一两封信，一就是一，二就是二，把农村情况如实告诉我。如果信寄不到，你可以直接到北京来，为了群众的事到北京来，路费归我负担。”

刘少奇在湖南农村总共调查了 44 天，其中 33 天吃住在农村生产队，召开了 20 多场座谈会，走访了 11 个生产队，对 6 个生产队做了详细解剖，找各级干部、农民个别谈话，写了数万字的调查笔记，获得了大量反映农村真实情况的第一手材料，为当时党解决农村政策调整中与农民生产和生活密切相关的问题提供了确凿的依据，同时也把党的政策送到了群众心坎上，把与民同甘苦、共患难的作风展示在了群众的面前。

1961 年 5 月 21 日至 6 月 12 日中央工作会议召开，会议的一项重要成果，就是在中央和各地负责人调查研究的基础上，讨论和修改了《农村人民公社工作条例（草案）》，形成了《农村人民公社工作条例（修正草案）》（即农业六十条）。其重大突破是，根据刘少奇等调查研究的结果和广大农村干部、社员的愿望，取消了分配问题上实行的部分供给制，强调严格评工计分；并针对大家关注的食堂问题提出：在生产队办不办食堂，完全由社员讨论决定，实行自愿参加、自由结合、自己管理、自负开销和自由退出的原则；还对保障生产大队和生产队的自主权提出了一些明确的原则。新条例颁布后，农村情况逐渐有所好转，农民生活逐步安定，生产普遍有了发展，粮食产量逐步回升。

（作者姚远，文章有删节，选自《学习时报》2019年1月21日）

风景谈[1]

★ 茅盾

前夜看了《塞上风云》[2]的预告片，便又回忆起猩猩峡[3]外的沙漠来了。那还不能被称为“戈壁”，那在普通地图上，还不过是无名的小点，但是人类的肉眼已经不能望到它的边际，如果在中午阳光正射的时候，那单纯而强烈的返光会使你的眼睛不舒服；没有隆起的沙丘，也不见有半间泥房，四顾只是茫茫一片，那样的平坦，连一个“坎儿井”也找不到；那样的纯然一色，即使偶尔有些驼马的枯骨，它那微小的白光，也早溶入了周围的苍茫，又是那样的寂静，似乎只有热空气在作哄哄的火响。然而，你不能说，这里就没有“风景”。当地平线上出现了第一个黑点，当更多的黑点成为线，成为队，而且当微风把铃铛的柔声，丁当，丁当，送到你的耳鼓，而最后，当那些昂然高步的骆驼，排成整齐的方阵，安详然而坚定地愈行愈近，当骆驼队中领队驼所掌的那一杆长方形猩红大旗耀入你眼帘，而且大小丁当的谐和的合奏充满了你耳管，——这时间，也许你不出声，但是你的心里会涌上了这样的感想的：多么庄严，多么妩媚呀！这里是大自然的最单调最平板的一面，然而加上了人的活动，就完全改观，难道这不是“风景”吗？自然是伟大的，然而人类更伟大。

于是我又回忆起另一个画面，这就在所谓“黄土高原”！那边的山多数是秃顶的，然而层层的梯田，将秃顶装扮成稀稀落落有些黄毛的癞头，特别是那些高杆植物颀长而整齐，等待检阅的队伍似的，在晚风中摇曳，别有一种惹人怜爱的姿态。可是更妙的是三五月明之夜，天是那样的蓝，几乎透明似的，月亮离山顶，似乎不过几尺，远看山顶的小米丛密挺立，宛如人头上的怒发，这时候忽然从山脊上长出两支牛角来，随即牛的全身也出现，掮着犁的人形也出现，并不多，只有三两个，也许还跟着个小孩，他们姗姗而下，在蓝的天，黑的山，银色的月光的背景上，成就了一幅剪影，如果给田园诗人见了，必将赞叹为绝妙的题材。可是没有完。这几位晚归的种地人，还把他们那粗朴的短歌，用愉快的旋律，从山顶上飘下来，直到他们没入了山坳，依旧只有蓝天明月黑魆魆的山，歌声可是缭绕不散。

另一个时间。另一个场面。夕阳在山，干坼的黄土正吐出它在一天内所吸收的热，河水汤汤急流，似乎能把浅浅河床中的鹅卵石都冲走了似的。这时候，沿河的山坳里有一队人，从“生产”归来，兴奋的谈话中，至少有七八种不同的方音。忽然间，他们又用同一的音调，唱起雄壮的歌曲来了，他们的爽朗的笑声，落到水上，使得河水也似在笑。看他们的手，这是惯拿调色板的，那是昨天还拉着提琴的弓子伴奏着《生产曲》的，这是经常不离木刻刀的，那又是洋洋洒洒下笔如有神的，但现在，一律都被锄锹的木柄磨起了老茧了。他们在山坡下，被另一群所迎住。这里正燃起熊熊的野火，多少曾调朱弄粉的手儿，已经将金黄的小米饭，翠绿的油菜，准备齐全。这时候，太阳已经下山，却将它的余晖幻成了满天的彩霞，河水喧哗得更响了，跌在石上的便喷出了雪白的泡沫，人们把沾着黄土的脚伸在水里，任它冲刷，或者掬起水来，洗一把脸。在背山面水这样一个所在，静穆的自然和弥满着生命力的人，就织成了美妙的图画。

在这里，蓝天明月，秃顶的山，单调的黄土，浅濑的水，似乎都是最恰当不过的背景，无可更换。自然是伟大的，人类是伟大的，然而充满了崇高精神的人类的活动，乃是伟大中之尤其伟大者！

最后一段回忆是五月的北国。清晨，窗纸微微透白，万籁俱静，嘹亮的喇叭声，破空而来。我忽然想起了白天在一本贴照簿上所见的第一张，银白色的背景前一个淡黑的侧影，一个号兵举起了喇叭在吹，严肃，坚决，勇敢，和高度的警觉，都表现在小号兵的挺直的胸膛和高高的眉棱上边。我赞美这摄影家的艺术，我回味着，我从当前的喇叭声中也听出了严肃，坚决，勇敢，和高度的警觉来，于是我披衣出去，打算看一看。空气非常清冽，朝霞笼住了左面的山，我看见山峰上的小号兵了。霞光射住他，只觉得他的额角异常发亮，然而，使我惊叹叫出声来的，是离他不远有一位荷枪的战士，面向着东方，严肃地站在那里，犹如雕像一般。晨风吹着喇叭的红绸子，只这是动的，战士枪尖的刺刀闪着寒光，在粉红的霞色中，只这是刚性的。我看得呆了，我仿佛看见了民族的精神化身而为他们两个。

如果你也当它是“风景”，那便是真的风景，是伟大中之最伟大者！

1940 年 12 月，于枣子岚垭

（文章有删节，选自《茅盾散文选集》，百花文艺出版社，2009 年 6 月）

注释：

[1] 1940 年 5 月，茅盾赴延安参观讲学，同年年底，遵照党的指示到重庆从事国统区的文学运动。茅盾到重庆后，急于将自己在延安的见闻和感想告诉国统区读者。几经斟酌，他舍弃了在“鲁艺”讲课、和中共领导人晤谈等场面，而改谈“风景”。

[2]《塞上风云》：一部反映团结抗日的进步影片。

[3] 猩猩峡：现通称星星峡，位于新疆维吾尔自治区东部，同甘肃省交界。

我的长征，我的生命之歌

★ 贺捷生

1935 年 11 月 19 日，红二、六军团从湖南桑植县刘家坪出发长征。那时，我刚刚出生 19 天。

我哭着来到了这个世界，可难为了戎马倥偬的父母。部队长征在即，我这刚出生的婴儿是随行，还是忍痛割舍？父亲把一位最忠厚、最亲近的亲戚找来，对他说："部队这次走得很远，要越过千山万水，越往前走，气候会越冷。毛毛刚刚出生，实在是没法带她一起走，留给你抚养，好吧?!"

那位亲戚满口答应，说，回去找个奶妈，过两天来接。分手时，父亲还给了他一些钱，可是左等右等，那位亲戚没来接。父亲急了，亲自去登门拜访，却一头撞在人家的门环上。问邻居，邻居说，全家人几天前就都搬走了。父亲当然明白人家有顾虑，也理解人家的顾虑。回来对母亲说：“他是怕我们连累他。”他沉默了一会儿又说：“这么亲近的亲戚都躲起走了，看来没人敢要这孩子。罢了，我们干革命，就是为了下一代，这孩子我们带走。只是你要多多辛苦些了。”

这时候，我正在哭，母亲把我抱起来说：“别哭了，再辛苦我也要把你这小毛毛带走。无论路有多远！无论……”

当时，部队为了长征，进行了轻装精简，把老弱病残人员都留了下来。我这个刚刚出生的婴儿能带走吗？为此，红二、六军团总指挥部党委专门开会进行了一次研究，最后的决议是：“先把娃娃带起来，路上遇到合适的人家再送人吧。”母亲很伤心，她知道这个决议意味着随时都可能和自己这个初生女儿生生别离。就这样我跟着红二、六军团长征了。为了照顾母亲和我，指挥部让我们随着军团的卫生部走，部长是贺彪。行军第一天，在乘船过一条河的时候，母亲要其他人先过，她抱着我在河边等。当贺彪划船来接妈妈和我时，突然敌机来了，在船的周围扔起了炸弹，船像一片树叶在波浪上摇晃，涌起的水柱几次都险把船掀翻。不懂事的我偏偏在这个时候大哭起来。焦急的贺彪竟冲着我大喊：“你哭你哭！看你把敌机都哭来了，再哭把你扔河里!”

飞机飞走后，母亲高兴地对贺彪说：“她不是哭，她是在吓唬飞机呢，你看，飞机不是被她吓跑了吗?”贺彪见我还在哭，就用手指点着我的脸蛋说：“别哭了，敌机让你吓跑了!”

因为卫生部是行军队伍的后卫，母亲和我都休息不好。指挥部就让母亲和我跟先遣队走。每天行军时，母亲怕树枝划了我，就用布袋子兜着我，她把布袋挂在胸前，这样她可以时时照看着我。出生刚一个月的我，就在她胸前的布袋里，随着她的脚摇晃着前进。后来我想，母亲行军时的摇晃，天上飞机的轰鸣，地上的枪炮声，我不就是在这种奇特的摇篮曲伴奏下活下来的吗!

母亲生下我就没奶，每到一个宿营地，她就抱着我四处找奶。我的哭声把那些老乡们都引了过来，老乡们见红军中还有婴儿，都感到稀奇。母亲就给他们讲革命道理，讲红军是穷人的队伍。那些正在喂奶的年轻妇女就把饥肠辘辘、大哭大叫的我抱进她们的怀里。可以说，长征二万五千里，有无数位妈妈给过我奶水。爸爸妈妈说我吃过千家奶，这真是名副其实的千家奶啊!

你说那怪不怪，父母和任弼时、萧克、王震、卢冬生、贺炳炎、贺彪这些叔叔、伯伯、阿姨们，那时候，对我的哭声不仅不厌烦，反而都愿意听。一旦我不哭了，他们反倒担心起来。有一次，我病得很重，不吃不哭不睁眼，长征路上又没有药。当地老百姓告诉了妈妈一个偏方，用百年老灶的土和蛋清和泥糊在我的肚脐上。这偏方还真管用，两三天不哭的我又哭起来，父母听到我的哭声才舒心地笑了。

一次过敌人封锁线时，父亲把我放进他穿的羊皮大衣的怀里。他骑马冲过敌人封锁线后，却把我丢了，我的哭声使红军战士们发现了我，他们见我用军衣包着，猜想是红军的孩子，就抱着我行军，后来，辗转地把我送到父母手里。但这个故事父母都不承认，都说没把我丢过，而贺炳炎却一口咬定是真的。我想，这故事可能是真的，父母不想承认是觉得我这娃儿一出生就历经了世人都难以经受的磨难，他们不想让我知道得太多吧。

长征的路上，父母几次想把我送人，可我不断生病，他们见我病着，总也不忍心丢下我，只好带着我走。看来我是因祸得福哇！如果我是个健健康康的婴儿，我会流落在哪里呢？也许早已是长征路边上一小堆白骨了，真是难以设想。

我这个小毛毛跟着长征，可以说无时不牵动着大家的心。每到宿营时，大家都安排我和母亲住一间能遮风挡雨的房子。指战员经过我们居住的屋外，都要侧耳倾听，怕我没了声息。有一次我病得非常重，两三天都没有哭声了，大家认为我真的活不下去了。陈希云（新中国成立后任农业部长）找了块花布，递给我母亲，他说："娃儿走的时候用这块花布包着吧，她到底是个女孩。"也许真的是我命大，三天后，我又哭了，我的哭声，使大家悬着的心都放下了。我又哭了！几乎给了全军一个惊喜。像传达一个总部的口令一样，队伍里都在传递着这句话：捷生又哭了！捷生又哭了！新中国成立后，许多叔叔阿姨们都对我说："长征路上，我们都愿听到你的哭声，你的哭声，就是平安，就是欣慰啊！就怕听不到你的哭声！"真荣幸！我的哭声在那条漫长的饥饿征途上，竟然成了一种象征，它象征着生命在继续，它象征着前途有光明，它象征着革命有希望。

（文章有删节，选自《改革开放30年散文选》，上海文艺出版社，2008年11月）

革命圣地延安

★ 马晓炜

巍巍宝塔山

1135.5 米的峰巅上，耸立起高约 44 米九层宝塔。

唐朝的瓦砾、宋代的印记、明时的青砖，被真理的力量和铮铮铁骨，锻造成为一座不朽的丰碑，高耸入灿烂的朝霞，耀眼夺目，光芒万丈。

曾经，宝塔宛若如炬的灯塔，凄风苦雨的日子，映照出黄土高原上一片温暖的晴空，让四面八方热血青年，不远万里跋山涉水来此沐浴阳光雨露，让饥饿中、挣扎中、绝望中的人们从黑暗中窥到了一缕曙光。

以宝塔为圆心，以真理为半径，从城市到农村，从高原到平原，从黄河到长江，春的气息，让满目疮痍的土地爆发出响彻云霄的雷音，万物恍然间变得生机盎然。

如今，许多年过去了，宝塔山见证了一个伟大民族从站起来、富起来到强起来的艰辛历程，而宝塔也在延安日新月异的发展变化中，成为革命圣地的标志和象征，凸显在新时代的征程上。

以目睹宝塔为荣耀，无论是姹紫嫣红的时节，还是小米丰收的日子，宝塔山始终把世人的目光招惹，乡音各异，肤色不同，络绎不绝的人群千里迢迢来此追寻，只为重温那段艰苦的岁月，让思想得以净化、灵魂受到洗礼。

杨家岭的早晨

远山近坡，氤氲着槐树花的芳香。迎着初夏的一缕晨曦，我穿过杨家岭革命旧址的拱门……

站在主席耕种的菜地前，肥沃的土地，把园中菜苗滋养得根深茎肥叶绿。松软的土地上，依稀可以看到伟人与战士抡起锄头翻土、挑起延河之水浇地时留下的印记。一畦畦菜地，见证了艰难困苦的岁月，领袖与群众、将军与士兵，干同样的活、吃同样的小米饭、穿相同粗布衣的水乳交融的党群干群关系。

与菜地告别，沿着伟人踱步 5 个春秋的山路逆坡而上。绿树浓荫下，经历了 73 年风雨的小石桌，至今还记挂着伟人与美国记者安娜的那次会见。“一切反动派都是纸老虎”的著名论断一提出，便闪烁着真理的光芒，激励着伟大的人民，无论面对任何外部势力的干预与制裁时，始终都坚挺着不屈的脊梁！

走进一孔孔简陋的窑洞，轻轻触碰温热的土炕、斑驳的桌椅，就能感受到历史痉挛的颤抖。透过槐花芬芳的窗棂，我看见厚重的历史正被一双有力的大手轻轻翻动。

张思德雕像

面对巍然屹立的张思德雕像，成群结队的人在这里庄严举起有力紧握的右拳，重温入党誓词，诵读《为人民服务》。雕像上方“为人民服务”五个红色大字，把每张脸庞映衬得庄重而真诚。

眼前的一切，让人看到了 1944 年 9 月 8 日，凤凰山下枣园沟口的操场上：延安军民怀着悲痛的心情，肃穆在这里；伟人题写的“向为人民利益而牺牲的张思德同志致敬”的挽词，寄托着深深哀思；《为人民服务》激情演讲，高度赞扬了您为人民而生、为人民利益而死的共产主义精神……

眼前的一切，让人情不自禁再次追思您的足迹：炮火硝烟的战场上，置生死于不顾，冲锋陷阵在一线；漫漫长征路，爬雪山、过草地，历尽千辛万苦；从事通信工作，兢兢业业，始终保持零失误。这一切，没能让您倒下。然而，一把炭火，却让您为掩护战友，将29岁的青春芳华从此定格在1944年9月5日塌方的窑洞。

信天游的歌声还在田野上奔跑，欢快的腰鼓声还在黄土高原上回荡。让后人倍加怀念的英雄张思德，此刻正静静地躺在延安母亲的怀抱，擦拭着炭火熏黑的脸庞。英雄的光辉形象，早已成为“为人民服务”的代名词。

（文章有删改，选自《江宁新闻》2019年7月19日）

图书在版编目（CIP）数据

读有所得．学史明理专辑 /《读有所得》编辑部编．-- 长沙：湖南文艺出版社，2021.7（2022.5 重印）
ISBN 978-7-5726-0312-9

Ⅰ．①读… Ⅱ．①读… Ⅲ．①中国共产党—党史—学习参考资料 Ⅳ．①D23

中国版本图书馆 CIP 数据核字（2021）第 149937 号

读有所得·学史明理专辑

DU YOU SUO DE · XUESHI MINGLI ZHUANJI

中共湖南省委宣传部指导

《读有所得》编辑部编

出 版 人：曾赛丰
监　　制：曾昭来
责任编辑：匡杨乐　李涓　谢朗宁
编　　选：吴金
责任校对：黄晓　胡伟英
装帧设计：泽信策划设计
封面供图：视觉中国

湖南文艺出版社出版、发行
（湖南省长沙市雨花区东二环一段 508 号　邮编：410014）
网址：www.hnwy.net
湖南省新华书店经销　三河市人民印务有限公司

2021 年 7 月第 1 版　2022 年 5 月第 7 次印刷
开本：787 mm × 1092 mm　1/32
印张：4
字数：74 千字
书号：ISBN 978-7-5726-0312-9
定价：15.00 元

《读有所得》编辑部
联系电话　0731-85983069　官方邮箱　duyousuode@sina.com
官方微博　https：//weibo.com/duyousuode

本社邮购电话：0731-85983015